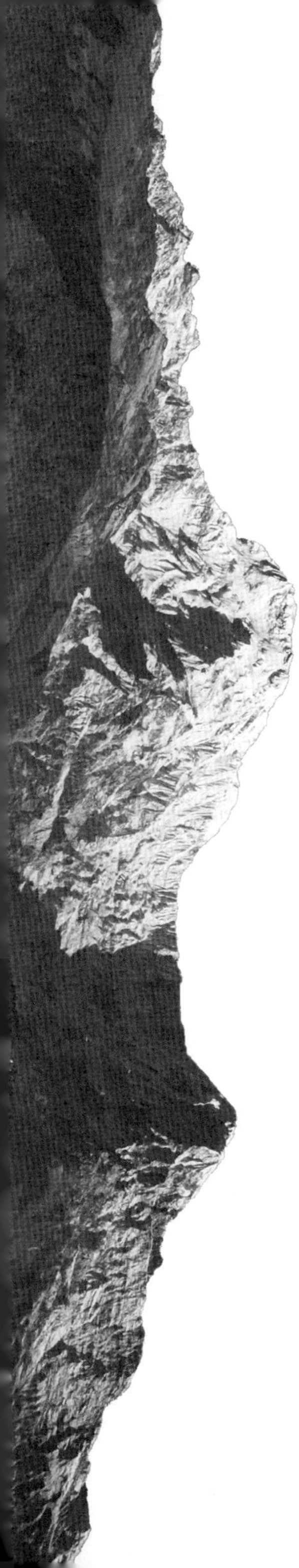

開悟者眼中的生命真相

Jed McKenna's Theory of Everything : The Enlightened Perspective

傑德・麥肯納｜著　莫里斯｜譯

〈推薦序〉

遊樂場中的超級玩家

蘇荷美學教育創辦人　林千鈴

只要踏上這一條靈修道路，沒有人不是備嘗艱辛，一路進進退退，陷入彷彿沒有盡頭的追尋。向來只聽說遠方有一個香格里拉，雖沒見任何人到過，依舊義無反顧地跟上前人腳步，因爲經典都這麼寫，大師都這麼教，想要開悟的人也都這麼做。

傑德在他的第四本書《開悟者眼中的生命眞相》裡面說，開悟不僅不是一條靈性的道路，甚至無關信仰與宗教，更無關科學與哲學，它們還正是阻礙。開悟其實很簡單，只要切換按鈕，把宇宙主導的想法，改成這一個──「意識主導」就行了。意識即一切，你就是意識，宇宙中沒有誰在掌控你的命運。開悟什麼也不必做，哪裡也不用去，多久都不須等──開悟就是你，就在此時此地。

這麼簡單的事，爲什麼做不到？就像魚在海洋中努力尋找水，就像人在家卻出外找回家的路一樣，太簡單了，反而令人難以置信。

傑德在前三本書用離經叛道的論點，不只顚覆所有的靈性教誨，震撼我們充滿信念的腦子，更毫不留情地揭發我靈性族群「去找，但不要找到」的矛盾。他洞悉多半人其實野心不大，靈修只爲經營寧靜平安、康健富足的這一生，做個人類成人而已，並沒有那麼認眞地想要覺醒。

只有走投無路、瀕臨絕境的人，才會以必然一死的堅決，屠殺自己的龍——砍斷自我形象、自我價值、自我感覺這些信念的鎖鏈，棄絕一切。傑德才從開悟那裡來，他說高處無所有，人生無意義：

> 了悟到自身的毫無意義，是獲得解放的關鍵。
> 無我才是真我，沒有意義才是真正的意義。

這個無意義來自生命本身的矛盾，弔詭之處在於，阻撓眞相的元凶，是這個想要了悟眞相的我。而生命本就是爲了追尋意義、創造意義，是爲了建立「我」的定義而存續，但驅動生命、使這無意義人生充滿意義的，就是信念交纏所衍生的種種情緒。情緒是餵養心靈覺受的重要食糧，但傑德又說：情緒是各種不同的意識狀態，開悟卻是沒有狀態的意識。

了悟眞相，就是穿透這個世界表象的虛幻無意義，明白眞相就只是——存在／

意識。存在就是存在它本身，無法描述，不可思議，只是空無。它沒有狀態、沒有內容、沒有感知，連感知到「我在感知」以外的，都是信念，都是對純粹存在的侵擾和掩蓋。生命中所有的相信，都非眞實，連「不信」也是信念。現在我們要做的，只是清理信念、排除干擾，回到意識的純粹，此外不需要任何人事物，只需要純粹的意願。

傑德說，開悟不是爲覺醒，是爲了享受夢境，直接點出「身在此世，卻不屬於這個世界」的眞義。了悟眞相沒有任何好處，什麼都不會改變，只是意識變了。我們還會留在遊樂場裡，遊戲繼續玩，好戲繼續演，美夢繼續做，但所有的品質都不同了，因爲看穿了夢境的虛假，不爲是非成敗、恩怨情仇的光影迷眩，只是清醒覺察，也因此才能在這場人生戲夢中，享受遊戲之樂，成爲遊樂場裡的超級玩家。

〈譯者序〉

在曠野上等待閃電

莫里斯

我經過零零散散的兩個月，完成了《開悟者眼中的生命眞相》這本書的翻譯初稿。一開始透過朋友介紹，才得知傑德出了第四本書，經過中間很多因緣，最後有幸成爲它的譯者。

在翻譯和修行這兩件事上，我只是新手——謙辭到此爲止。幸好，某種意義上講，在後者上我們都是新手，因此，我可以再以同修的身分多談幾句。

傑德的第四本著作不改當年三部曲的言辭犀利，充滿了時下流行的所謂「金句」。其中，「我想，既然你讀到了這本書，應該不會潦倒到撿垃圾的地步，但這不代表你的生命沒有被困在死胡同裡」之類的句子，一般讀者乍見，應該都不免汗顏，一方面爲傑德的直接，一方面爲他的「狂妄」。

但我想，傑德睽違多年再次出書的目的，並非提供我們「另一個概念的玩物」。請看看他在本書開頭引述的笛卡爾的話：

如果你仿效當下流行的做法，懶得考慮我提出的論點的順序，以及論點之間的關係，只是針對個別句子吹毛求疵，那麼你不會從這本書中獲得多少益處。那些斷章取義者也許能找到書裡的某些小漏洞，然後開始挑剔，但他們很難提出有力的、眞正值得回覆的反對意見。

因爲在初譯前幾章時沒有讀完全書，我一開始並不理解傑德爲什麼要把這段「免責聲明」式的文字放在這本書前面。後來在翻譯過程中才恍然大悟——原來，這正是傑德親自給我們提供的導讀。

那些斷章取義者也許能找到書裡的某些小漏洞，然後開始挑剔——傑德早料到，本書會有許多邏輯上的「小漏洞」，因此提前給了讀者一枚定心丸。比如，他在書中提到，梵（意識）是沒有屬性的，但同時，他也反覆提到，意識是無限的。在讀者的概念裡，「無限」顯然是個屬性，而且是個相當顯著的屬性。這樣的自相矛盾在書中比比皆是，有時甚至出現在同一個段落中。

再往更深的層次看，傑德在書中的一些關鍵思想上，也有自相矛盾之處。他是質疑邏輯，以及作爲邏輯基礎的因果律的。在「山與兔子洞」這一章裡，他提出了問題：「我們不了解兔子洞裡的規則，因爲根本沒有規則。邏輯本身符合邏輯嗎？」其中兔子洞代表這個世界，這個問題直指邏輯本身的不可信性。如果因果律成立，那麼這個宇宙之因是什麼？這是科學家和哲學家苦苦思索的「奧祕」。爲什麼存在某樣東西，而不是空無一物？傑德對於這個問題的回應簡單、直接：「在意識主導論中，這個問題不攻自破……沒有之前，也沒有之後；沒有開始，也沒有結束；沒有彼時，也沒有此時……」——否認了邏輯的存在，邏輯帶來的棘手問題也被化爲無效的問題。

然而，傑德又在本書中大量運用了邏輯手段，來闡述他的「解釋一切的理論」。甚至在本書的第一章，他與卡爾的對話本質上就是一個三段論式的證明。他還聲稱，意識主導論是無法被證僞的，這裡的證僞也是邏輯上的概念。

這豈不是一方面用邏輯證明自己，一方面又否認邏輯？

一個顯然的悖論。

這個自稱開悟的人怎麼了？他昏頭了嗎？或者，他是在和遊樂場中的讀者開玩笑？

我無法代替傑德回答這個問題，只能給出我個人的理解。因此，下面的部分是我被本書引出的個人觀點，與那個叫傑德的角色無關。

首先，請考慮下面這個包含兩個前提的系統：

1.所有黃色的東西都是好的。

2.所有水果都是壞的。

在這個系統中，偉大的科學家和哲人都在思考這個問題：香蕉是好的，還是壞的？這是糾纏了他們數千年的問題，因爲香蕉本身是個矛盾，但它又確實存在著，既是水果，又是黃色的。

讓我們管它叫「香蕉系統」。在香蕉系統之外的人可以輕易看出，這個系統是有矛盾的，因爲它不能解釋香蕉的存在。香蕉在「香蕉系統」裡是個謎團，並不是因爲香蕉本身的存在有什麼問題，而是這個系統的假設有漏洞。香蕉只是存在著——

Banana is.

看出我的比喻了嗎？如果把「香蕉系統」放大千百倍，改名叫「二元世界」或「意識系統」，它不就成了我們這個世界的模型？

請先別發笑。我的「香蕉系統」至少包含了兩項與二元對立的世界極其相似的特點：

1.香蕉系統中，包含二元對立的尺標。在此例中，是「好的」和「壞的」，以及隱含的「水果/非水果」「黃色/非黃色」。二元性是這個系統裡事物的基本屬性，在現實世界中同樣如此，只不過尺標更多、更複雜。

2.香蕉系統中，包含一些被不加懷疑地接受的假設。我給出的兩項前提都是這樣的假設，在現實世界中同樣如此，只不過前提變成了「宇宙存在」「神存在」這樣的眞理性陳述。

在一個錯誤的系統中，一定存在漏洞。正如傑德在書中陳述的那樣：「既然意識本身就是現實的基礎，又怎麼能被恰如其分地描述爲物質世界的某樣東西？」正如香蕉系統的漏洞就是它無法解釋香蕉，意識系統的漏洞就是：它無法描述意識。並不是因爲意識本身的存在有什麼問題，而是這個系統的假設有漏洞。意識只是存在著——

Consciousness is.

讓我們結束我提出的小例子，回到傑德。根據我在上文中提出的「邏輯」，他在書中的矛盾就可以理解了，甚至讓人懷疑他是刻意爲之。正是因爲這個二元世界在描述意識的時候存在不可避免的矛盾，所以語言不可避免地繼承了這些矛盾。

我所理解的故事是這樣的：傑德透過他精心設置的「疏漏」，向我們指出二元世界的疏漏，就像指出一個系統不自洽的地方，一個機器壞掉的零件。

意識主導論的全部內容就是「意識即一切」。

我個人的看法是，「意識即一切」及邏輯，是二元對立的世界內含的自毀程式，順著這兩者繼續推導，世界的虛假性會逐漸顯露出來，最後這兩個工具也會被毀滅。

意識即一切，那麼……這裡、這裡、這裡都說不通啊……

天哪！

從一個裂縫開始，一個虛假系統崩潰的過程開始了。所謂「千里之堤，潰於蟻穴」。

《開悟者眼中的生命眞相》整本書都在講道理，是極其智性的，結論卻又導向智性的空無。我想，指出智性的「裂縫」存在，也許是傑德多年後選擇重新執筆、向我們呈現「意識主導論」的目的，也是他在書中留下許多矛盾的目的。

當然，這只是我的故事，誰又能爲傑德代言呢？傑德能爲傑德代言嗎？

爲了避免我一家之言的氣息太重，請讓我提供另外一個人的故事。

我在外面翻譯這本書時，偶然碰到一個朋友，便和他說起我在做的事，並給他看了幾章我譯好的稿子。

他看完之後搖搖頭，問我，你相信這個人開悟了嗎？

言下之意，他不相信。

我不予作答，把問題拋給他：你覺得他開悟了嗎？

他表示否定。我問，你怎麼知道他開沒開悟呢？爲什麼你覺得一個沒有開悟的人有能力評價一個人是不是開悟了呢？

朋友開始閃爍其詞，只是告訴我，「還是存在一些標準的」。

他最後並沒有接受我把剩下的書稿發給他的提議。

「存在一些標準」，眞的嗎？

傑德在這個問題上沒有和我們開矛盾的玩笑，而是直接給出他的看法：「在夢境狀態中，沒有所謂『開悟的人』，因爲在一個虛假的背景中，你不可能是眞實的。」

所以說，傑德開悟了嗎？

根據他本人的說法，傑德沒有開悟。

在這裡，我只好玩一個在英文裡才最有意思的文字遊戲：No one can achieve Enlightenment.

沒有人能開悟。

只有「沒有人」才能開悟。

換句話說，在我們這些「靈性追尋者」的概念裡，所謂的開悟只是幻相。因此，「追求開悟」也是幻想。傑德在書中多次表達了這個看法，他說，開悟是「只有傻瓜才想要的獎賞」。

在曠野中，一群人在等待閃電。

在閃電到來之前，沒人知道閃電是什麼樣子。那些有幸被擊中的人，有的再也沒有回來，回來的那些告訴大家，只有眞正體驗過才能知道閃電是什麼模樣。

與此同時，人們之間有千百種描述閃電的理論——《追尋閃電三百六十計》。

人們於是在黑暗的曠野中遊蕩，苦苦求索而不得。沒有閃電提供的照明，周圍是一片黑暗。

這時，一個被閃電擊中的人回來了。他告訴大家，別再找了，在曠野上還有別的事情可幹。

他說這件事叫「成爲人類成人」。他說，「人類成人，那是一切的起點。」

所以，我們也不妨先別等待閃電了，比起傻傻地等著、做沒有意義的尋找，還有別的更有價值的事可做。

而且，說不定有一天……

一道雷霆從天而降——

轟！

眞相。

〈導讀〉

這本書是來「破」的

身心靈作家　張德芬

如果你看懂了盧貝松最新的電影《露西》，而且很喜歡，那麼，這本書也許可以同樣獲得你的青睞。

認為自己已經在靈性開悟三部曲中，把「該說的都說完了」，然後神隱起來不見人的傑德，又寫了一本書。對他來說，沒什麼特別的，就是在一個偶然的機會裡，他和他的狗在旅館房間裡一邊看電視，一邊打瞌睡，突然聽到了「解釋一切的理論」這樣的說法，觸動了他的心，覺得想寫東西的感覺蠢蠢欲動。於是，這本短小輕薄、卻可以解釋一切的重量級天書，於焉誕生。

語不驚人死不休的傑德，這回把宗教、哲學，還有一向被人信奉為神明的科學全部掃蕩一遍，提出了讓人不得不信服的一些觀點，例如意識主導論（亦即一切均由意識組成，意識是一切）。其實，古今中外的各種聖典、經書，提到「最終實相」時，沒有一個版本是違背「意識主導論」的。傑德的特點在於，意識主導論是他生活所在的基本範式，他活在一個流動的、意識爲上、合一的、整體的世界裡。要把他自己生活的實相，用言語表述給我們這些信奉「宇宙主導論」（宇宙是一切的中心、實相）的忠實信徒聽，是有一定困難的。

所以這本書乍看之下，會有些艱澀和理論化，但讀了幾遍以後，我愈來愈喜歡它的言簡意賅，以及絕對直率、眞實的表述。比方說：「宇宙主導論只是對意識主導論的錯誤理解。我們都身處意識主導論的世界，所以很自然地，一個生活在宇宙主導論中的人偶爾會在某種程度上利用更高層次的運作，這些運作在意識主導論中是很尋常的——更高層次的知曉和引導、超乎尋常的感知、顯化、超級好運、流動、可見的模式等等。這些更高層次的運作一直都在那裡供你取用，你無須證明自己配得上這些運作，也不必知道如何召喚它們，只須停止阻礙它們出現就夠了。」

這段話說明了傑德自己的生活方式，其實也是所有靈性追求者想要的境界：心想事成。按照傑德的說法，意識主導論就是我們一直生活在其中的眞相，無論你知曉與否。而心想事成其實就是生活在這個眞相中的常態現象，只是因爲我們過於「宇宙主導」，所以一直用各種負面的思考和情緒來阻礙其間能量的自然流動。

如何才能「知曉」（不只是頭腦上承認、知道）我們是生活在意識主導論中，而不是宇宙主導論裡呢？傑德說：「意識主導論是唯一不需要信念的現實模型。事實上，它根本沒有什麼要你『相信』的。停止相信每樣事物，不再同意任何事，重整你的動力，砍除一切虛假，燒毀一切，你就會發現你從沒眞正離開過。你一直都在意識主導論中。」這和他前面三本書說的其實是一致的，那就是：拋棄驅動我們的情緒動力——恐懼——燒毀一切虛假的，剩下的就是眞相了。而眞相就是：「梵意識是一件眞實存在、且你眞正擁有的事物。梵意識也許是無我，但它是你的眞實本質。」

最近結識一位靈性高人雅桐，和她探討過傑德的書。她說，傑德基本上是來「破」我們的——破我們的信念，以及所知的一切，因爲我們知道的一切都是建立在「錯誤的假設」上，不放下這些，很難在靈性成長方面有所突破。但是在這本書中，傑德還是說了一些很令人解放的話：「從意識的角度看，現實是你感知到的一切。你的現實也許與共識相符，也許不是，無論如何，它是你的現實。無論存在的是什麼，都是正確的。錯誤不可能存在，即使對錯誤的感知也是正確的。感知就是感知，怎麼會有對錯？」

此外，我也喜歡傑德在本書中提出的開悟（覺醒）三階段：

見山是山＝宇宙主導論的夢境狀態

見山不是山＝覺醒

見山又是山＝意識主導論的夢境狀態（清明夢）

在夢境狀態中，雖然我們見山是山，可是很多人會覺得「不踏實」，或「怪怪的」，因此需要哲學、宗教、科學來印證和支持夢境的眞實性，好讓我們安心地繼續沉睡。傑德是來喚醒我們的，所以他在本書中花了一些篇幅拆解這幾個領域的神話。會不會有些人被侵犯到？我不知道，我只知道他的話非常印心，正是我日常生活中觀察到、令我困惑的地方，這些就留待讀者自己去印證吧。

如何從第一階段過渡到第二階段？（其實只要跨出第一步，後面的步驟就會自動發生與完成。）傑德的答案還是：「自我發現的旅程不是自我探索，而是自我毀滅。你必須照亮內在空間中那些陰影籠罩的地域，斬斷把你困在人格和夢境狀態裡的情緒能量卷鬚。」他在靈性開悟三部曲中其實有提供一些具體方法，像是最有力量的「靈性自體解析」，以及「紀念死神」「自我觀察」等。但是，第一步的發生必須建立在「對假象的憎惡超過了對無我的恐懼」之後，才有可能。所以，不需要人爲造作去讓它發生，就像雅桐告訴我的：「如果早知道後面的風景，我從一開始就會完全放棄掌控，自然地存在。」

傑德在最後，還是可惡地（！）說了下面這些話，鼓勵大家忘掉眞相、別想開悟，做個人類成人是最好的：「忘掉那些靈性的胡說八道吧，光是要回到我們的本來面目、克服阻撓這個自然過程的恐懼，我們就夠忙的了。人類成人不是什麼崇高的靈性成就，在沒有被盛行的恐懼破壞的情況下，這是一個人正常的成長過程。它是肉體的死亡與精神的誕生。」

關於人類成人，傑德的版本還是大多數人（包括現在的我）無法接受的：「你應該祈求自己成爲人類成人，爭取成爲人類成人，就算要辭掉工作、拋棄家庭、賭上性命也在所不惜。」而當下我所能做的最佳版本，就是放棄掌控，輕鬆地生活著。

最後以這本書中我最喜歡的一句話作爲結尾：「我們願意臣服並將自我削弱到什麼程度，就能被這個照亮一切的智慧引領、教導與滋養到什麼程度。」傑德相信有個無所不知的高等智慧存在，我也相信。我覺得這是傑德靈性麻辣鍋中，最讓人能夠吞嚥的部分。是啊，著急什麼呢？開悟永遠在旅途的終點等著你，不是你找它，而是它找你。安啦！

敢於知道

我並不期待大眾的認可——實際上，我從沒指望自己能有多少聽眾。正好相反，我不會推薦任何人讀這本書，除非那個人有能力、也願意跟著我嚴肅地思考，並且願意拋棄一切感官體驗與成見。據我所知，這樣的讀者非常少。如果你仿效當下流行的做法，懶得考慮我提出的論點的順序，以及論點之間的關係，只是針對個別句子吹毛求疵，那麼你不會從這本書中獲得多少益處。那些斷章取義者也許能找到書裡的某些小漏洞，然後開始挑剔，但他們很難提出有力的、真正值得回覆的反對意見。

——笛卡爾

1 再簡單也不過了

蘇格拉底：我想聽他說，他技藝的本質是什麼，他掌握和傳授的東西又是什麼。他可以如你提議的改天再展示。

卡利克勒斯：不如向他提問吧，蘇格拉底。事實上，回答問題正是他展示的一部分，因為他剛才說了，這屋裡的所有人都可以向他提問，他會給出答案。

蘇格拉底：那我們真是太幸運了！凱勒豐，你來問他吧。

凱勒豐：我要問他什麼呢？

蘇格拉底：就問他，他是誰。

靈性開悟三部曲①第一章與最後一章的標題都是「再簡單也不過了」。在三部曲中，我們看到了這句話如何應用在覺醒過程；現在，我們可以來看看它是否同樣適用於解析現實。

「你是說，這句話用在解析現實上也同樣成立？」卡爾問道。

「嗯，我就是這個意思。而且，如果現實眞的像我想的那樣簡單，把其中的道理展示給你看應該毫無困難。所以理論上，你會和我一樣了解它。」

「理論上？」

「嗯，它對我來說是個活生生的現實，是我存在的範式，對你而言只能是個理論，因爲你還沒展開眞實的旅程。拋開這點，我們可以一起看看它是不是眞的非常簡單，而且簡單到不能再簡單。」

「這要花多久時間？」

「我們可是在揭示世間萬物的所有奧祕，你就不能在你的日程表裡抽出一點時間？」

「可是，既然你說它很簡單……」

「好吧，五分鐘以內，如果你配合的話。假如你阻擾，就要花七分鐘。」

「我爲什麼要阻擾？」

「瑪雅。」

「你說那隻狗？」

「另外那個瑪雅②。」

「好，現在是兩點四十七分。輸的人出錢買啤酒，還要買**好啤酒**。」

「就這麼說定了。你相信眞相存在嗎？」

「我可不會讓你輕易得逞。」

「好，那我們換個問法：你相信眞相不存在嗎？」

「我怎麼覺得這是個陷阱？」

「如果我們說眞相不存在，就等於說『眞相不存在』這件事是眞的。這是個自我抵消的陳述，就像在說『沒有絕對的事情』一樣。你同意我的說法嗎？」

「嗯，應該同意。」

「到此爲止，我們在說的和信念或個人感覺完全沒關係，只是簡單的邏輯而已。你能在這個邏輯中找到漏洞嗎？」

「不能，我同意『眞相不存在』這個陳述是邏輯上的矛盾。」

「所以呢？」

「眞相不能不存在，因爲如果我們說『沒有眞相就是眞相』這句話爲眞，會顯得非常荒謬。基於這個事實，我承認眞相一定存在。我不知道眞相到底是什麼，但我知道某件事一定是眞的。」

「所以，你同意一定有件事是眞的。無論這件事是什麼，眞相一定存在，對嗎？」

「是的，我同意。」

「我們太早達成共識了，我想確保我們之後不會再討論同樣的問題。你對『無論如何一定有某件事是眞的』這件事是否有任何保留？」

「我完全被說服了。因爲『眞相不存在』不可能是眞的，所以一定有件事是眞的。還有四分鐘。」

「好的。既然我們認定『無論如何一定存在一個眞相』，就來看看還能再討論些什麼。比如說，你覺得眞相可以改變嗎？它有沒有可能現在是一個樣子，過了一會兒就變成另一個樣子？」

「如果眞相會改變，那它一定不是眞的。眞相必須是恆久不變的，就算時間走到終點，眞相也要是眞的，否則根本不是眞相。」

「好吧。那麼，就算眞相的持久超越時間，它有沒有可能是一樣東西，而不是另一樣？」

「請舉例。」

「你覺得眞相會不會是光啊、愛啊、美啊之類的？」

「好像不是。這些東西似乎都是某個更大整體的一部分，不能單獨存在。它們需要一個對立物。沒有了黑暗，光明是什麼？沒有了邪惡與憎恨，善與愛又是什麼？眞相顯然不可能是一樣分開的東西。」

「所以，你同意無論眞相是什麼，它一定是恆久而完整的？」

「是的，我同意眞相一定是恆久不變的，也同意眞相一定是一個整體，而非一個部分。如果它是一個部分，那另一個部分是什麼？一個不同的眞相？顯然不是。非眞相？顯然也不是。」

「好，那麼，你認爲眞相會不會涉及觀察角度？我的眞相會不會不同於你的眞相？眞相會不會是相對的？」

「當然不會。我們已經確定眞相一定放之四海皆準，否則根本不是眞相。」

「你認爲眞相是有限的，還是無限的？」

「我們都已確定，眞相不可能是有限的。如果除了眞相之外，還有其他某樣東西，那麼後者也一定爲眞，如此一來，兩者都不能算是眞相，而眞正的眞相會是比它們更大的、無所不容的東西。還有三分鐘。」

「耐心點，解釋關於一切的眞實理論也許會花上六分鐘。」

「那麼我不僅會得到那個理論的啓發，還會得到你買的啤酒。你覺得我在阻擾嗎？」

「不，你很配合，但是別太配合了，我不想錯過任何一個你還在猶豫不決的地方。到現在爲止，我們已經確定眞相存在，對嗎？」

「嗯，那是肯定的。」

「我們還確定眞相不會改變。它不可能一會兒是這樣，一會兒變成那樣。眞相一定是恆久不變的，對嗎？」

「是的，我同意。眞相一定是恆久不變的，否則它不會比鳥的鳴叫聲或雲朵的形狀更眞實。」

「無論我們找到的眞相是什麼，它一定存在所有事物之中，沒有特例，也沒有什麼是存在眞相之外的。這可能嗎？」

「非常有可能。實際上，我很堅持這一點。眞相一定存在萬事萬物的本質中，沒有什麼能獨立於眞相存在。說某樣事物的存在符合『非眞相』，是非常荒謬的。」

「還有，我們確定眞相不會是某個更大的東西的一部分，或是某個整體的一半。這一點我們都同意嗎？」

「我同意眞相不可能是有限的或受限的。我可以直率地說，眞相一定是放之四海皆準，沒有限制、沒有邊界。」

「所以眞相一定是無限的？」

「嗯，一定是。」

「那麼，眞相也一定是絕對的，不會有部分的眞相或某方面的眞相？」

「當然。眞相一定是絕對的，否則根本不是眞相。兩點五十了，還剩兩分鐘。」

「我只是要弄清楚，可能存在兩個眞相嗎？」

「不可能！如果一件事絕對是眞的，另一件事不可能也是絕對眞實；如果另一件事絕對是眞的，第一件事就不可能爲眞。很簡單。」

「謝謝。那麼，你認爲眞相存在時間和空間之中嗎？」

「那就太可笑了。如果眞相存在時間或空間裡，它就是有限的、變動的，而不是絕對的。所以，眞相不存在時間和空間之中，因爲這兩者都是變動的、暫時的。」

「照你的說法，亞哈船長是對的，他說眞相沒有界線。」

「當然。如果眞相有界線，那麼界線之外是什麼？更多眞相？眞相一定是無限的。」

「那麼，非眞相又是怎麼回事？你想把它歸到哪裡？」

「它不屬於任何地方。很簡單，非眞相這種東西不存在。我不會假裝理解它，也不能把它放到我所見的現實裡，但這個邏輯非常清楚。毫無疑問，眞相是絕對的，而非眞相不存在。非眞相不可能是**真的**，就像不存在的事物不可能**存在**一樣。」

「那麼，再總結一下：你同意眞相存在，且進一步同意非眞相不存在。你的思路還有什麼需要釐清的嗎？」

「沒有。坐在這兒的幾分鐘裡我了解到，因爲眞相是絕對的，事情就很清楚了。眞相一定存在，非眞相則不可能存在。滴答滴答，兩點五十一分了，你還有一分鐘，我都開始替你擔心了。」

「呃，很抱歉，我要讓你失望了，因爲我好像說得太快了。現在我想花些時間點一支菸，再把腳翹起來，但是我不抽菸，而且我的腳已經翹起來了。」

「滴答滴答，還有五十秒。」

「但我們其實已經說完啦。我們確定了眞相存在，而且是絕對的。還有什麼比這個更簡單？我們已經陳述了一個嚴密三段論的第一前提：眞相即一切。你反對這一點嗎？」

「任何理性的辯論都不可能反對這一點。眞相存在，非眞相則不可能存在，所以眞相即一切。唯有眞相存在，不可能有其他情況，這我完全同意。」

「所以，要決定眞相是什麼，只須找到那個絕對存在的事物。有什麼是你可以絕對認定爲眞的？」

「很簡單，這是基本的哲學。我可以說『我在』（I Am），我知道我存在。還有十五秒。」

「那你的存在的本質是什麼？」

「我的存在的本質？當然是意識。我是有意識的，而你的時間到了。我覺得我們談的東西很有趣，想繼續聊下去，但你欠我一瓶啤酒，一瓶**好**啤酒。」

「我也想繼續聊下去，一邊聊，一邊喝**你**買的啤酒，因爲我們剛剛在五分鐘內解決了世界上存在的所有奧祕。」

「眞的嗎？那我怎麼還不知道答案？」

「你知道的，你只是還沒意識到，不過這不應該算進我的五分鐘裡，對吧？」

「如果現在的狀況像你說的那樣，的確不應該算進去，但我不覺得你做到了你所說的。」

「你熟悉三段論嗎？」

「當然，邏輯而已：如果／而且／那麼。**如果**所有人都會死，**而且**蘇格拉底是人，**那麼**蘇格拉底會死。」

「嗯，這個例子很有名。『所有人都會死』和『蘇格拉底是人』，這兩個前提證明了一個命題：蘇格拉底會死。如果前提爲眞，命題就一定是眞的。」

「我們在剛才的五分鐘裡創造了一個三段論嗎？」

「沒錯，一個嚴密、可靠、完美的三段論式證明。我們確定了眞相即一切，以及意識存在，這兩個結論都是肯定的，對吧？」

「是的，眞相即一切。而說我存在就等於說意識存在，這也沒錯。」

「你能說除了意識還有別的事物存在嗎？」

「沒辦法。我很熟悉『我思故我在』、唯我論，還有你的書，所以對這一點完全心悅誠服。我唯一確定知道的一件事，就是我存在，也就是說意識存在。」

「那麼，如果把這幾點用三段論的方式陳述呢？」

「『眞相即一切』和『意識存在』？我想應該這麼說：**如果**眞相即一切，**而且**意識存在，那麼……呃，**那麼**我欠你一瓶啤酒。」

「而且是一瓶好啤酒。」

再簡單也不過了：

如果：真相即一切
而且：意識存在
那麼：意識即一切

---

① 靈性開悟三部曲，以及本書後文提到的「三部曲」，是作者傑德．麥肯納三本著作《靈性開悟不是你想的那樣》《靈性衝撞》及《靈性的自我開戰》的合稱。本書則創作於三部曲完成後的十年左右。

② 作者傑德養了一隻和幻相女神瑪雅同名的狗。

2 我們又開始了

有時候，我坐著，並且思考。
有時候，我只是坐著。
——薩奇．佩吉

我曾經能記住一週中每一天的名字，不過那是在它們還很流行的時候。最近，我思考時只把日子分成兩類：普通的一天，以及人們都不好好工作的一天。我記得，那是人們都不好好工作的一天，而我，一如既往地做著自己的工作。當天，我的工作包括把帽子拉下來遮住臉，然後躺在吊床裡晃悠。躺在吊床裡這件事我實在聊得太多，但之前從來沒有眞的做過。

這就是本章最初的開頭，我想它現在也是開頭。最初的版本裡，我在這一章寫了很多東西，但沒有太多實際內容。所以，我把它削減成下面這個樣子：

瑪雅和我正在探訪一片我曾經擁有的土地（雖然從來沒人知道我擁有過它）。這片山丘起伏、叢林密布的土地有個特別的地方：小溪邊有一個石頭和灰泥砌成的古老地基，上面布滿了青苔和藤蔓。我覺得它曾經屬於一所教堂，那時我就是這麼想的。隨著時間過去，我一直照料著那塊淺淺的地基。我將溪流改道，讓它流進地基上方的窄小高台，經過凸出的岩架，注入下面寬闊的石頭平台，創造出一對靜水池。下層平台的積水流過我自己打造的三層石階，重新回到溪流中。我當時很享受在地基附近閒逛，然後順手整理那個地方。有好幾年，我一直把它當作私人空間。那片地沒有什麼實際用途，更不會有人想買下它，所以在我離開那個區域時，決定把它送給一位熟人卡爾，希望他會喜歡，並且和他的妻子珊蒂及他們的雙胞胎一起享受它。那是很多年前的事了。

我和瑪雅這次出門就是想再去看看那個地方，於是把車開到州立公園——我從前的樂土就是從這裡進去的。一開始，我以爲整個地方會完全回到自然狀態，就像我將近二十年前找到它的時候一樣。但是，我發現它變得比我離開時更好了。我沒有預期會碰到什麼人，但那是人們都不好好工作的一天，卡爾一家人碰巧在週末出來野餐。所以，就像經常出現的狀況一樣，我沒有期待發生的事情意外地發生了，而且結果非常幸運。

在這趟週日懷舊之旅的前幾天晚上，我和瑪雅躺在一家旅館的房間裡，一邊看著某個科普節目，一邊打盹。就在那時，發生了一件好幾年都沒發生過的事，而且我很確定它不會再發生了。

在節目中，科學宣傳大使加來道雄談到了希格斯玻色子和大型強子對撞機，以及它們將如何幫助科學家把龐大複雜的「標準模型」簡化爲一個精巧的、可以解釋一切的理論。就在那時，瑪雅女神輕輕推了我一下，「**解釋一切的理論**」這個詞猛地閃進我的腦海。這是他們科學界的用詞，一開始是一個物理學家杜撰出來的。但是，它太宏大了，而且說實話，宏大到遠遠超越科學領域。在半夢半醒間聽到這個詞，觸發了我內在的某個東西。這個東西感覺像是新的寫作計畫，我之前可沒料到它會出現。

讓我說點背景故事。幾十年前，我走過了一段很少有人走的旅程，然後寫了三本書。在這段旅程的終點，你會得到一些東西，其中之一正好就是全然的了悟——完整而確鑿地理解一切事物。之前我從來沒解釋過這個部分，我想，現在我要開始解釋了。

所以，我聽見道雄博士談到解釋一切的理論，雖然我之前也聽過這個理論，但這一次，它激發了我心中的某個東西。我知道科學界現在顯然沒有解釋一切的理論，以後也不可能有。同樣顯而易見的是，我一**定**有個這樣的理論。我的意思是，我要不是有個解釋一切的理論，它並非「理論」，而是確實適用於所有事物，且眞實得無懈可擊；不然，我就是從頭到尾在扯淡。如果是後者，那事情的轉變就好玩了——不過話說回來，後者不大可能發生。我會提到這一點，是因爲這應該是你正覺得疑惑的事。任何眞正了悟眞相或開悟的人，應該都能提出一個完美、不涉及信念、眞正解釋一切的理論。畢竟這樣的理論只有一個，找到它應該不太難。

然後我想到，我的確有個可以解釋一切的理論，但從來沒和別人分享過。現在，這輩子第一次，這件事感覺有點奇怪。現在，這輩子第一次，我覺得自己似乎應該把這個理論傳達出去。所以現在，在結束靈性開悟三部曲之後，我第一次覺得好像還有別的話要說。

「你就寫了這麼點？」卡爾一邊草草整理一小疊列印出的文稿，一邊問我。

「我才剛開始呢。」我答道。

「你說的那個原始版本在哪裡？」

「那個版本才三十多頁，手寫的，我已經燒掉了。」

「我敢說那個版本一定很棒，」卡爾說，「裡頭提到我們怎麼在水池邊找到孤獨憂傷的你，邀請你進屋安頓下來，鼓勵你再次開始寫作，還囑咐你要喝好的啤酒。」

「你說出來感覺就變了。」我說。實際上，無論什麼話從卡爾嘴裡說出來，感覺都會變。英語是他的第四或第五語言，他說英語的時候帶著特別的口音。卡爾長期處於快樂的狀態，且身材異常高大，彷彿是某個快樂而高大的物種的縮小版本。

我們正坐在卡爾家後院的戶外起居室裡。我和瑪雅已經在他家一棟獨立的小房子裡住了幾天了。

「你正在寫的東西是關於一個解釋一切的理論。」卡爾用一種不需要加問號的語氣對我說。

「不僅僅是一個理論，」我說，「唯一能解釋一切的理論就是眞相。這不是很明顯嗎？我是說，我們可以知道的眞相是什麼？『我思』，對嗎？我們只能確認『我存在』這個事實——我在。」

「我明白這一點。」

「所以，科學又能知道什麼眞相？」

「也只是這個罷了，我覺得。」

「沒錯。『我在』是知識的基本通用常數，其他都只是信念罷了。光的速度不是一個眞正的常數，但知識的常數是眞實的。」

「爲什麼你說光速不是常數？」

「因爲時間、空間和光都不存在。」

卡爾盯著我看了幾秒，好像在等我抖包袱。

「這聽起來可不是一般地有毛病。」他說。

「嗯，的確。」我同意。然後，我想到我們在之前的一本書裡引述過的福爾摩斯的話：**當你消除了不可能的之後，剩下的不管是什麼、不管多不合理，都必然是真相。**

此刻，我正躺在卡爾家後院的吊床裡晃著，寫著關於一切事物的筆記——解釋一切的理論。這就是我在晚上該睡覺的時候看科普節目的結果。當然，我不是科學家，不是哲學家，不是宗教或靈性思想家，甚至不是特別聰明，對解釋一切這件事也不是很熱心。我只是了悟了眞相。所以，如果你讀過我的三部曲，就會知道可以信任我這個嚮導。但你同樣也會知道，你並不需要我有多可信——如往常一樣，你只須自己去探索。

如果你沒讀過那三本書，別擔心，解釋一切的理論是自成一體的。

我其實不應該說它是一**個**解釋一切的理論。它不是隨便一個理論，而是**唯**一一個解釋一切的理論。此外，它也眞的不能算是個理論，因爲其中沒有任何理論成分。任何一個大腦尺寸正常的人都可以直接、清楚地理解它，因爲它是個顯而易見的眞相。想要親自看見它，我們只須停止看見那些不存在的奧祕。

「所以，對你來說不再有什麼奧祕了？」卡爾問。

「沒有。」我答道，「如果對我來說還有奧祕，那我就不是眞的『完成』，必須走得更遠。就像我希望在三部曲中說清楚的，完成就是完成了。完成是旅途的終點、疑問的終點、知識的終點。」

「這個我從你的書裡知道了，」他說，「但我還是很難相信存在這種狀態。」

卡爾和珊蒂邀請我住在他們家車庫那邊的一棟小房子裡，告訴我想待多久都可以。這棟房子曾被改造成音樂工作室，但住起來還是很舒服。他們的後院有一個戶外起居空間，裡面有桌子、椅子、燈，還有一個吊扇和吊床。他們養了一隻叫杜克的黑色拉布拉多犬。這隻狗對瑪雅好像不錯，問題是，我雖然是個愛狗的人，瑪雅卻不是一隻愛狗的狗。她並不討厭其他的狗，只是不覺得牠們有什麼意思。她有時會聞聞其他狗的屁股，但從不特別投入。總之，卡爾的客房是個適合我工作的好地方，瑪雅也很喜歡，所以我們決定接受他們的邀請，在這裡待上一段時間。

我在吊床上左搖右晃，把玩著各種想法，偶爾打盹，偶爾把玩具扔給瑪雅，然後把我想到的事情草草記下來。我寫了大概十頁字跡潦草的筆記，直到覺得筋疲力盡。然後，我讓思緒飄遠，給腦袋歇口氣。休息夠了之後，我把潦草的筆記濃縮成下面這團混亂的文字：

> **意識（consciousness）是最初的／最先出現……比時間、空間、物質、二元性、因果關係等都先出現……所有事物都在意識中／沒有什麼在它之外……沒有什麼比c**

先存在……c＝p^3，唯一真實的現實模型，一切的答案……牢不可破、無可辯駁、沒有例外、完美無瑕、無懈可擊……最初／最終，科學／哲學／靈性／宗教……結束探索／搜尋／奧祕……一個不留地解釋一切……殺死每一個佛……沒有任何存在可以表達得更多……簡單／清晰，可以直接知曉……解釋一切的理論……完全的真相……終極武器、摧毀一切的想法等……意識是國王……意識是最初的……意識主導論……

我把筆記放在一邊，開始好奇自己爲什麼在思考這些東西。是爲了想要更了解這一切嗎？那個科普節目是不是觸發了我內在的什麼東西？我上一次寫作已經是超過五年前的事了，而六年多前，我完成了三部曲的最後一筆，之後就沒再想念過它——沒有特別想。有點想，當然。制訂一個比我自己更大的計畫、與人合作、試圖好好表達我的意思，並爲那個表達下結論，讓它變得完整，這些過程還挺不錯的。在爲三部曲忙碌的六、七年裡，我非常享受，但是那個計畫一結束，我看到並理解它已經完成了。在那快樂的最後一筆之後，我覺得很滿足，然後就再也沒有出現想要寫東西的衝動。

我經歷的過程、我花在傳達自身想法的時間、那三本書，在我的生命中並沒有扮演很重要的角色。我會提出這一點，是因爲有人會覺得一旦成爲我這個樣子，寫書就要變成我的全職工作。但對我來說，那只是來自我過去的一個不重要的古怪之處。有時候，我可能好幾天都沒想到它；而當我想到時，它感覺就像一個不完整的夢、一段我無法完全相信的記憶。我眞的做了那些事、寫了那些書嗎？我猜是有的。哇，那眞是太奇怪了。

我主要想提醒的是，我身處一個和周遭所有人都不一樣的範式，但我身邊沒有多少人，所以其中的區別很少顯現出來；就算顯現出來，它也是我習以爲常的東西，早就失去了新意。

實際上，我考慮過寫一本書，主題是能量流動、順應形勢、毫不費力地運作之類的。我知道有很多書在探討顯化願望、祈禱、有意識地創造，以及透過這樣那樣的技巧，達成這樣那樣的結果，而我也思考過自己能否爲這類話題做出一點貢獻。

答案是否定的。我已經盡我所能在三部曲中討論了這些東西，其中的關鍵就是要成爲人類成人（Human Adult），而我覺得市面上大多數的書對此都不清楚。所以，它們實際上是在教人類孩童（Human Child）如何把自己的童年過得更好，而不是教他們長大。除了教他們長成人類成人，並往那個方向發展之外，我對於教人類孩童做別的事情不感興趣，也不會參與相關合作。成爲人類成人是開啓生命的關鍵，我想不出有什麼東西能夠補充我在三部曲所說的一切。

所以現在，五年之後，我很驚訝地發現自己身爲作家的那個部分又蠢蠢欲動了。它眞的被觸動了嗎？這個問題其實不需要回答。如果我不確定，那答案就是「沒有」。除非接收到明確的指示，我不會因爲其他任何原因展開一個新的寫作計畫。如果我不確定自己有沒有收到，那就是沒有。我不會再爲自己寫任何東西了，那是進行靈性自體解析做的事。就像我在《靈性的自我開戰》描述的那樣，現在我寫作的唯一理由是我明確了解接收到的資訊，而且各項支援都已經就位。所以，其實不是我在寫作，我只是在一個共同創造的過程中扮演了一個角色，而其他人也知道自己的角色是什麼。我不再推動、拉動或操縱事情的發展，而是等待各個片段自己出現，然後毫不費力地向一個明晰的結局發展。這不僅適用於寫作，所有事情都是這樣。我放鬆自己，成爲一個更大過程的一部分。我允許事情自行展開，讓自己順著微妙的形勢流動。

當然，你知道寫這本書的計畫最後還是被執行了，但在這個寫筆記的階段，我並不認為它眞的會發生。我只是覺得這趟探訪從前樂土的小旅行讓我變得有些懷舊，或者，我只是有點無聊。

3
你正在讀的這玩意兒

我沒有時間寫一封短信，所以寫了一封長信。
——馬克・吐溫

與馬克・吐溫不同，我用了足夠的時間寫出一份短稿。第一稿花了我三個星期，在卡爾家寫成。然後，我在兩個月的時間裡把它補充得更完整，又花了兩個月將篇幅減半，花了另外兩個月再減半。我本來可以早四個月寫完這本書，把它的篇幅留在四倍長的狀態。但是，這本書並不像三部曲那樣內容廣泛，它從頭到尾只說了一件事，只不過是從各種角度闡述而已。這本書要達成的跨範式交流本身是個非常複雜的任務，但就算我說得再多，也不會讓它變容易。言簡反而意賅。

解釋一切的理論的寫作計畫有一個問題：我之前從來不必把我的新世界觀歸納成文字，這件事做起來有點古怪。這不是個小問題，這是涉及範式的問題，而實際上，每個人——先不管其他差異——都存在同一個最高範式之中。你要如何向一個來自另一個現實的人解釋你的現實？你能想出一則發生在一個不一樣的最高範式的故事或電影嗎？我曾經絞盡腦汁想了好久，還是沒能想出來。

作者和讀者之間的範式鴻溝眞實存在，且難以跨越。雖說我正在傳達理論，但我並不是靠理論運作的。我試圖拆解開悟者的觀點，因爲我必須把它解釋給別人聽，但這是我生活其中的現實。我想，所有不同於我們自身範式的其他範式，都會被視爲瘋狂。可是，如果這瘋狂的道路通往眞相，追尋者就必須走上這條路。

在徹底搜尋了一分鐘之後，我發現，「範式」是我們從科學語言借來，然後發揚光大的詞。在科學領域裡，如果把你對宇宙的假設從牛頓物理改爲愛因斯坦物理，你就完成了一次範式轉移。在本書中，我所說的範式意味著最宏觀意義上的世界觀。因爲每個人共有同一個最高範式——時間和空間、能量和物質、二元性和因果關係等——從來沒有人需要把這些歸納爲文字。大家都懂，我們已經達成了共識。

所以，我在寫作過程中遇到的麻煩有兩個。第一，我的範式對你們來說是完全未知的，而我要把這個範式中那個活生生的現實用非常蒼白的語言歸納出來。第二，我必須把我這個未知範式用這些蒼白的語言傳達給身處一個完全不同範式的人了解。我曾經存在那個範式之中，但它現在對我而言完全是虛幻的——那就是你們的範式。

我曾經是那個可以寫出靈性開悟三部曲的人，我很適合那項任務，但我本身沒有任何更進一步的野心。我在這個解釋一切的玩意兒上適度努力，但這眞的是馬後砲。現在我也許應該提一下：我不是個靈性人士，從來不是，而且我覺得尋求眞相也不是一個靈性上的努力，從來不是。還有，事實上，眞相眞的是件無關緊要的事。它沒有什麼實際用途，無法應用在現實世界，也不會改變或改善任何事。我也許理解共識現實不是眞的，甚至一點都不可信，但我就存在這裡。眞相處於任何範式之外，我們卻生活在範式之中。

我不想過度誇大我說這些的資格，也不想自謙。我居於那個唯一的非虛假的範式之中，看到實存的事物，而看不見那些不存在的，所以我不需要任何信念來掩蓋某些部分或塡補某些漏洞。然而，我已經退休了。我不再思考，因爲思考其實是唯一的大規模毀滅性武器，而我不再需要它了。我已經用思考摧毀了宇宙。

在開悟方面，我是個完美的大師。我對眞相的了悟是絕對的，也許有人可以達到和我一樣的境界，但沒人能超越我。至於傳達想法，我做得還不賴，但我絕對不是溝通大師。那麼談到現在的話題，我在哪方面都算不上大師，我只是有一個清晰的觀點。我沒有心思關注科學、哲學或神學——這些東西對我來說簡直無聊透頂——請考慮到這一點。我在這裡說的任何東西都不是要讓你相信它，而是要讓你自己去探索。

除非以最宏觀的角度觀察，否則這一切都不合理。我據說是開悟了，而我正在寫一本書，向你這個讀者解釋說我和你並不存在，而我們不存在其中的世界——我在寫、你在讀的這個世界——也不存在。差不多就是這樣。

但是在最宏觀的意義上，這一切完全合理，而這本書從頭到尾講的都是這個最宏觀的意義。解釋一切的理論一定要站在最高的地方來看，所以，它不但是眞實的，而且是開悟的觀察角度。

4　點國的國王

（愛德溫・A・艾勃特在他一八八四年出版的《平面國》一書講述了一個發生在許多不同維度的奇幻故事。書中提到，二維世界的主角被一個來自三維世界的球體帶入一個更廣闊的現實，它們拜訪了一個無維度的點，對這個點的自大非常輕蔑——這個無維度的點確信自己就是存在的全部，對此非常滿意，且堅信不疑。這個點到底是全部，還是空無？它是充滿智慧，還是愚蠢？本章內容節選自這本書。）

「向那邊看，」我的嚮導說，「你久居平面國，但也曾見過線國（一維世界）的景象，曾與我一同飛升至立體國（三維世界）的廣闊空間。現在，為了讓你的體驗更完整，我將帶你降到存在的最底層，點國的國土，無維度的深淵。

「看看那可悲的生物，那個點是個與我們無異的存在，卻被限制在無維度的深淵中。他就是自己的世界、自己的宇宙，對自身之外的其他事物毫無概念。他不了解長度、寬度和高度，因為他沒有體驗過這些；他甚至不認識數字二，也沒想過任何事物居然可以多於一。對他來說，他就是唯一的存在，是一，也是萬物，雖然他其實什麼都不是。然而，請你注意他是多麼滿足，並從中吸取教訓：自我滿足就是盲目和無知，擁有渴望總比盲目而無能爲力地開心要好。現在，你聽。」

他停止說話。然後，從那個嗡嗡響的微小生物那兒傳來一陣細微、單調卻非常清楚的叮噹聲，就像你們立體國的留聲機發出的聲音一樣。我從那個叮噹聲中聽到這些話：「存在的無窮恩典啊！它是唯一的存在，除它以外，絕無其他。」

「那個小傢伙說的『它』是什麼意思？」我說。

「他說的就是他自己，」球體說道，「你之前沒注意到嗎？嬰兒和某些幼稚的成人無法把自己和世界區分開來，所以會用第三人稱稱呼自己！小聲點，繼續聽。」

「它塡滿了所有空間，」微小的生物繼續自言自語，「而在它塡滿的空間中，它無處不在。它所想的，它便說出來；它所說的，它便聽到。它本身就是思考者、說話者、聆聽者、思想、言語和被聽見的聲音！它是唯一的，卻也是全部的全部！啊，多麼快樂，這存在的快樂！」

「你就不能嚇唬嚇唬那個小傢伙，讓他停止沾沾自喜嗎？」我說，「跟他說他到底是什麼，就像你告訴我的那樣。讓他意識到點國的狹隘，引領他到更高的地方。」

「那可不容易，」我的師父說，「你自己試試。」

我隨即用最大的音量，對那個點喊道：

「安靜！安靜！你這渺小的生物，你說自己是全部的全部，其實你什麼都不是。你所謂的宇宙，不過是直線上的一個小點；而直線比起平面，也不過是一道陰影——」

「噓！噓！你說得夠多了。」球體打斷我，「現在，注意聽聽你說的話對點國的國王有什麼影響。」

那位國王聽了我的話之後，反而發出更耀眼的光芒，清楚顯示出他依舊十分自滿。我剛停下來，他又繼續說：「啊！喜悅，思想的喜悅！它透過思想可以達成一切！它的思想對它自己展現出輕蔑，只不過是爲了增強它的快樂！這一點有趣的反叛思想，最後增長了它的顯赫威名！啊，萬物歸一的神聖創造力量！啊，多麼快樂，存在的快樂！」

「你看，」我的老師說，「你的話發揮的作用微乎其微。那個國王就算理解那些話，也只是把它們當作自己說的話——因爲他無法想像自身之外的任何事物。你的話只不過讓他有機會以自身思想的『多樣性』自豪，並以此作爲創造力量的證據。我們就不要管這個點國的上帝了，讓他沉浸在他的無所不在和全知全能造成的無知裡吧。你我無論做什麼，都沒辦法把他從自滿的泥沼中拯救出來。」

5 吊床上的沉思

在自我的無限海洋中，出現了叫作「世界」的心智創造物。

——阿什塔夫梵歌

我依舊躺在吊床裡，讀著自己的筆記，試著歸納一下。幾分鐘後，我寫下這些東西：

意識／超集合／宇宙……宇宙／子集合／意識……我存在／意識＝真相……其他的一切＝信念……時間、空間和二元性＝信念……能量、物質和因果＝信念……生命、死亡和神＝信念……沒有任何信念是真的……非真相不存在……唯有真相存在……意識是國王……意識主導論……

我盯著自己的筆記看了幾分鐘，然後嘆了口氣。看起來，我手上的確有個寫作計畫了。

「意識主導論？」卡爾問道。

「是的，意識主導論，意識是國王，不同於宇宙主導論，宇宙是國王——這是在人類之中盛行的範式，我們都很熟悉，且熱愛它。」

卡爾慢慢地讀完了我的筆記。

「不對，」他說，「我覺得不對。」

我們討論了幾分鐘。

「意識主導論和宇宙主導論之間的區別很簡單。」我向他解釋，「想像有一張白紙，中間某處有個小點，而這張白紙無限大，往所有方向無止境地延伸。這樣可以嗎？」

「嗯，沒問題。」

「現在，請爲那張無限大的白紙貼上寫著『宇宙』的標籤，那個點則貼上寫著『意識』的標籤，好嗎？」

「好的。」

「這就是我說的宇宙主導論，我們共有的現實範式。先不管其他考量，這就是每個人理解其現實的方式。我是有意識的，而我的意識是一個大得不得了的宇宙中的一樣小東西，你同意嗎？」

「當然。」他說。

「而宇宙呢，就如同我們了解的，包含了時間和空間、能量和物質，所有我們一直在體驗的事物。宇宙裡擠滿了人、行星和恆星，它的廣闊和複雜完全超出人類的理解。這就是我們所說的宇宙，不是嗎？」

「嗯，是的。」

「這就是盛行的現實範式。宇宙是國王，宇宙主導論。你的意識不過是一個小點，是無窮宇宙中的一個小東西。」

「是的。」

「你還想著那張紙嗎？」

「嗯。」他寬容地笑了，但眼裡閃著智慧的光芒，「所以，我們該怎麼到達你那個範式？」

「只要把標籤交換一下。」

他的笑容停在臉上，但我看得出來他的內心正在激烈地思考。他保持這種狀態好一會兒。

「不對，」他用他的笑容告訴我，「我覺得不對。」

哦，它當然是對的。意識主導論：意識是國王。意識是包含了宇宙的超集合，而不是反過來或其他任何形式。一旦在思維中做了那個小小的調整，現實就會變得清晰無比。每個問題都得到解答，或者被摧毀；每個奧祕都被解開，或者失去意義。沒有什麼是無法解釋的，也沒有任何違反常理的事物存在。以這個新觀點重新編譯現實，也許會花上幾年時間，但就解釋一切的理論而言，事情就是這樣了。意識主導論，意識是國王，這是唯一一個眞實的、全面的、無法被摧毀的、無論傻瓜或天才都能理解的，解釋一切的理論。

「好，等一下，」卡爾說，「你知道你在說什麼嗎？你說得很簡單，好像只要交換標籤就好了，但你知道那麼做代表什麼嗎？我的意思是，你眞的知道交換標籤意味著什麼嗎？」

「我想我知道。」我說。

「那意味著，根本沒有宇宙，」他有些尖銳地說，「我們只不過是在想像有個宇宙。」

「差不多是這樣。」

「你是說宇宙實際上不存在？」

「實際上，什麼東西都不存在。」

那天晚上，我應卡爾的要求，向其他人簡單解釋了意識主導論。我們圍著桌上型煤氣爐閃爍的火光而坐。大家在聊天的時候，珊蒂正在打毛線。她的母親也過來吃晚飯，拿著一杯紅酒坐在她旁邊，大家都叫她外婆。他們提醒我，我可能會不太喜歡外婆，但我本來就不是個喜歡人的人，多一個不喜歡的人應該不會有什麼問題。

「眞的有那麼一個解釋一切的理論？」克蕾兒問道。她是卡爾和珊蒂的女兒，已經到了上大學的年紀。

「一個答案，解釋一切？」克蕾兒的孿生弟弟約翰問道。

「當然，」我答道，「就是眞相。眞相是那個唯一的答案，唯一可能解釋一切的理論。」

「但是，眞相是什麼？」約翰又問。

「這可是個大問題。」克蕾兒補充道。

「沒錯。」約翰表示同意。

「眞相是絕對的，」我說，「恆久不變，沒有屬性。眞相是唯一的存在，超越時間和空間，包含一切，它之外再無其他事物。符合這些條件的，一定是眞實的。」

「而你說那就是意識？」克蕾兒說。

我向他們簡單說明交換標籤的比喻，然後他們和父親討論了一下，我則是繼續寫筆記。最後，外婆下達了她的裁定。

「簡直胡說八道。」她說，而我很驚訝地發現，我很喜歡她。外婆說的一點都沒錯，它**就是**一派胡言。我說的這個理論是你編得出來最不可信、最不合理的鬼話——儘管它是眞實的，而且我平時一直生活在這個範式中。撇開這兩個事實不看，我會和這位老太太一樣，非常合理地認爲它十分荒謬。

「我們爲你準備了一個禪宗『拱案』。」約翰驕傲地宣布。那是很多年前，卡爾第一次把我介紹給他們姊弟倆。

「一個手掌擊掌時，發出的是什麼聲音？」克蕾兒提出了這個「公案」。他們當時只有八、九歲。

「我不知道。」我答道，「**兩個**手掌擊掌時，發出的是什麼聲音？」

他們開心地竊竊私語了一番，然後拍了拍手，以回答我的問題，但那個問題其實一直沒有被答覆。我們不必假裝聰明，好像完全明白自己提出的問題，以至於不敢過問自己假定的答案。兩個手掌擊掌時，發出的是什麼聲音？你只需要這一個禪宗「拱案」。追根究柢地探尋一個問題，你就回答了所有問題。隨便找個問題，開始鑽研吧。

「突然想出解釋一切的理論時，你正在看電視，還一邊想著自己的事？」那天稍晚，卡爾這樣問我。我們正在附近的公園散步，瑪雅和卡爾的狗杜克跟在我們後頭，周遭還有其他人，以及他們的小孩和狗。

「差不多是那樣。」我說，「其實，在看到那個提及解釋一切的理論的科普節目之前，我從沒想過要針對這個主題寫些什麼。是那個節目啓發了我。我立刻想到，唯一可能解釋一切的理論就是眞相，而我就生活在眞相之中。沒有幾個人對眞相瞭若指掌，我算是一個，而且我還是極少數能夠表達眞相的人之一。科學界所謂的『解釋一切的理論』，其實很難說是在解釋一切，所以我挪用了他們的說法，讓這個詞配得上它眞正的、完整的意義。」

「這些東西有出現在之前的幾本書裡嗎？」

「一定有，因爲這就是我的世界觀，我看待事物的角度。我可以從那幾本書裡舉出一些例子，比如，我無法分辨世界末日和折斷一根樹枝的差別、我和我所見的一切合而爲一、歡笑的嬰兒和兒童燒燙傷病房對我來說並無不同之類的。從大門外面看來，這一切好像很『無執』，但是對門裡面的人來說，『無執』這個詞沒有意義。我提到的『汝即彼』（梵我同一），以及『非二元性』，歸結起來就是這個。我記得我說過，對懶惰的觀察者而言，開悟狀態看起來也許是邪惡或瘋狂的。茱莉在某封信裡提到，她知道我沒說出來的那個部分，她指的也許就是這個。當然，我提到的夢境狀態也是這個。我沒有回頭翻看那些書，但是這個世界觀——意識主導論——一定滲透在字裡行間，因爲這是**我的**世界觀。這就是我生活的狀態。」

「茱莉說你不會遺漏任何東西。」

「沒錯，因爲根本沒有什麼可遺漏的。我不是隨口瞎編，只是說出我看到的一切。」

「那你爲什麼沒有在那三本書裡多說說你現在講的東西？」

「有幾個原因。其中之一是，我之前從來沒把這一切翻譯成文字。對某樣事物的唯一準確描述，就是它本身，其他任何說法都會有所不足。實際上，無論人與人之間有多大的不同，每個人都生活在同樣的宇宙主導論的現實中，所以根本不需要描述它，或爲它辯護。沒人覺得表達自己身在其中的那個現實很困難，因爲根本沒有一個『外面的人』可以讓他去說。就算是外星人或更高層次的存在，根據我們的猜測，也是宇宙主導論範式的居民。但是，當你試圖向處於不同現實的人解釋你的世界觀時，你會發現很難把你的整個宇宙擠壓成一口可以吃下去的尺寸。如果用文字寫下來，這些東西看起來會很荒謬，但生活在其中可一點都不荒謬。」

杜克一直待在卡爾身邊，瑪雅不知道跑到哪裡去了。

「最重要的是，」我接著說，「每個人似乎都很自然地相信除了自己的世界觀之外，沒有其他世界觀存在。某種程度上來說，我是獨一無二的，因爲我曾經全然地處於兩種範式裡。生活在宇宙主導論的時候，我覺得意識主導論荒誕不經，現在則恰恰相反。」

「但是你之前確實生活在宇宙主導論裡啊。」

「那也不代表它是眞實的——就像昨晚做的夢一樣。我從中醒來，然後當我回頭看時，可以清楚地看見它根本不存在。」

「所以，你經歷了一次範式轉移？」

「呃……是的，但也不是。」

我們對「範式轉移」這個詞的運用非常不嚴謹。在較低的宗教、政治、科學和文化等層次，我們可以自由地在它們之間跳來跳去，但最高層次的範式超越一切、包含一切。我們最接近範式轉移的經驗，是從夢中醒來，但那也算不上最高層次。我們共有的最高範式是虛假的，而我們認爲荒謬的另一個範式是眞實的——這個概念不太可能流行起來。

卡爾和我邊散步邊討論範式，不是我在指導他，而是我們兩個人試圖弄清楚這個東西，好讓我在書裡把它寫明白。我們和其他夜遊者一起走著，瑪雅出現了一會兒，然後又跑到樹林那邊去了。

「你還想談談其他範式嗎？」卡爾問道。

「從最高層次的意義來講，」我說，「我甚至沒法編出另外一個範式。也許有個範式，在其中，時間像空間一樣有三個維度，而空間像時間一樣朝一個方向流動之類的，我不知道。我們也許可以用『X主導論』來稱呼另一個可能存在的最高層次範式，但我實在沒法憑空捏造一個出來，只能把它留給科幻作家了。」

「兩種範式之間似乎有很多重疊的部分，」卡爾說，「你的意識主導論的許多元素，也存在宇宙主導論中，例如你所說的更高層次運作。」

「事實上，它們完全重疊，因爲我們都在意識之中。宇宙主導論只是對意識主導論的錯誤理解。我們都身處意識主導論的世界，所以很自然地，一個生活在宇宙主導論中的人偶爾會在某種程度上利用更高層次的運作，這些運作在意識主導論中是很尋常的——更高層次的知曉和引導、超乎尋常的感知、顯化、超級好運、流動、可見的模式等等。這些更高層次的運作一直都在那裡供你取用，你無須證明自己配得上這些運作，也不必知道如何召喚它們，只須停止阻礙它們出現就夠了。」

瑪雅冒險歸來，看起來非常得意。她在某種極其噁心的東西裡打了滾，迫不及待要與我分享。

「是啊，是啊，」我知道你在想什麼，「但解釋一切的理論此刻對我有什麼用？我的狀況是，我什麼屁都不懂，而且就要死了，這些沒完沒了的科學、哲學、宗教和靈性就是正在淹沒我的爛泥巴。我不在乎未來給我的承諾、不在乎事情發展的方向，也不在乎下個世紀有些什麼。我不想變得快樂、容光煥發或充滿喜悅，只希望自己不再當個傻瓜。下一頓晚餐之前，我也許就死了，而我不想在死的時候還像一頭蠢豬。我想停止夢遊，把眼睛打開，眞正看見我是誰、我在哪裡、我是什麼。我正處於昏迷之中，每一刻都在向下陷落，但我有足夠的證據相信我能把自己拉出來。我很可能失敗，但存在成功的可能性。這很公平，而現在我必須決定我是要接受挑戰，或者選擇在痲木僵呆的狀態中虛度人生。」

至少，這是我會想的事。

所以，答案是什麼？這本書會把你從一個範式拖進另一個範式嗎？不，當然不會。如果你不幫自己，理解意識主導論也幫不了你，它甚至不會讓你在雞尾酒會中顯得更有趣。實際上，就像外婆好心指出來的那樣，它也許會讓你榮獲「鄉巴佬」獎項。所以，還是你自己知道就好。

6 唐人街

經驗從來都只是概念上的，而非真實的。無論什麼經驗，都不過是發生在意識中的事。

——拉姆西・巴西卡

如果我想成爲超級肛門俠（老兄，我可不願意爲這個超級英雄設計服裝）（更不願意穿），我就會讓這本書充滿星號，每個星號對應一個注釋，就像這樣*①，後面跟著冗長的解釋。但我不喜歡注釋，也不喜歡把讀者當作幼兒對待。我建議你放輕鬆，了解跨範式交流的限制，然後信任自己有一天可以破解我傳達的訊息。思考一下本書正文前面那段笛卡爾的話，然後讓你愛挑剔的頭腦放個假。理論的部分還算簡單，重新編譯幾年、甚至幾十年間的個人現實才眞的困難。

接下來我們會一再遇到這種情況。也許一個句子中會有五個明顯的矛盾，而我的建議是，不要糾結於措詞。要關注其中的意義，而不是去質疑我的表達。別變成笛卡爾說的那種對文字吹毛求疵的人，那也太小兒科了。

如果我們現在同意這一點，就可以省下大量篇幅，因爲我們不必用三個句子來解釋每一個句子了。我所說的東西眞的非常簡單，但要表達它，就會出現內在矛盾。這不表示被傳達的概念有多好，只意味著傳達這個概念非常困難。享受整個閱讀的過程吧，試著別想太多，否則你最後會聰明反被聰明誤。

描述意識主導論的範式需要用到一些術語，生活在其中則不需要。文字只是意義的小小隱喻，我可以直接理解我的範式，無須借助這些小小的隱喻，所以假如我希望向一個無法直接理解的人描述我的範式，就需要確定我用的每個小隱喻對這個過程都是有幫助的，而不是在幫倒忙。如果我開始大談唯我論、我思故我在和虛空，對我的需求毫無幫助，因爲這些小隱喻長期被濫用和誤用，外面已經產生一層妨礙理解的硬殼，不如不用。所以，如果我不滿足於使用那些老掉牙的舊隱喻，就要自己想出一些嶄新的。

比方說，我覺得「解釋一切的理論」這個詞就不太好；同樣地，我也從來不覺得「靈性開悟」這個詞有多好。它們不是我想用的詞，但我不得不用，因爲這些都是約定俗成的固有說法，能提供我一個清晰的出發點。如果不用這些詞，我就會把錯誤的東西傳達給錯誤的受眾。

例如，對於「了悟眞相的狀態」（truth realized state），我想出來最好的說法是「解除對非眞相的了悟」（untruth-unrealization），但如果我到處用這個詞，還把它放在書的標題上，那我們還沒開始就會被迫停止了。所以，我們先退讓一步，使用「開悟」這個詞，然後在書裡把這個術語的意思解釋清楚：

真相是絕對的，此外沒有其他的了，所以如果有人說開悟不是了悟真相，那麼他們貶低的是開悟，而不是真相。沒有任何事物超過真相，而任何不真實的都是虛假，所以如果說開悟不是了悟真相，意味著你是在說開悟存在幻相之中，這聽起來不是很開悟。

對我來說，這清楚而確定，就像簡單的算數一樣。當我使用「開悟」這個詞時，我想表達的是最高層次的狀態，而沒有什麼比眞相更高了。我不會說我開悟了，我會說我了悟了眞相，然後指出開悟的意思就是了悟眞相，否則所謂的「開悟」就只是較低層次的狀態、是不眞實的。

所以，我們會一直用「解釋一切的理論」這個詞，至少是爲了初學者。

在宇宙主導論的範式中，宇宙是超集合，時間、空間、能量、物質、因果、二元性都是宇宙的子集合，是它的一個部分、一個元素、一個方面。意識也是宇宙的一個子集合——我的意識、你的意識、無數分離的意識。簡言之，宇宙主導論就是大家都熟悉的現實。它是如此明顯且廣泛被接受，以至於沒有人認眞地懷疑它。科學和數學奠基其上，哲學也肯定它，沒有人認眞地提出反對觀點。就連笛卡爾也說，任何神志正常的人都不會懷疑它。

宇宙主導論是我們所知道的現實，但是當我們想要說得精確，就用「共識現實」來稱呼它。這是爲了提醒我們一件很容易忘記的事：它沒有任何事實基礎。宇宙主導論的現實並不是**眞正的**現實，而是基於**最佳猜測**的現實、是「**讓我們先同意了再說**」的現實。然而，宇宙主導論就是我們理解的現實，是占有主導地位、無須爭論的範式，每一個曾經生活在這個世界上的人從生到死都與它相伴。無論我們之間有什麼區別，宇宙主導論是全體人類共有的範式，甚至是全宇宙共有的範式——可以這麼說。

在宇宙主導論中，宇宙是包含意識的超集合，而意識主導論只是把兩者交換一下，讓意識成爲超集合。做了這個小小的調整之後，一切都能得到清晰的解釋。

意識主導論會導致一個結果：我們所知的宇宙將不復存在。完全不存在。這個部分可能難以意會：沒有宇宙，沒有時間和空間，沒有物質或能量，沒有二元性或因果關係。一切都消失了。萬事萬物都包含在意識中，沒有什麼在它之外。宇宙不存在，只有意識存在。

我想要重複最後一句話：只有意識存在。任何存在的東西都只是在意識中出現的事物。**外面**沒有一個宇宙，根本沒有所謂的**外面**，只有**意識裡面**的宇宙。**只有**意識存在，其他任何說法都只是信念，而沒有一個信念是眞的。

爲了辨認意識主導論的眞實性，我們必須認出宇宙主導論的非眞實性。在宇宙主導論裡，沒有什麼說得通，唯一說得通的一件事就是：根本沒有什麼說得通。而在意識主導論中，一切完全合理，就算是宇宙主導論的宇宙令人信服的明顯性也說得通。沒有任何事物被排除在外或掃進地毯下面，沒有什麼神祕或隱藏起來的東西，沒有什麼事物需要愛因斯坦的智慧、超級對撞機或太空望遠鏡才能理解，也沒有任何事情需要一個中間人或仲裁者來爲我們翻譯。一切都非常簡單、明顯，而且可以直接知曉。眞相怎麼會是除此之外的東西？

意識主導論不僅無所不包、無瑕、不依賴任何信念，而且還是唯一可以聲明它有可能解釋一切的理論。不像其他的現實模型或理論，意識主導論不需要任何信念或信仰。當所有的信念和信仰都消失時，剩下的就是意識主導論。如果把生命押在眞相上，意識主導論就是你前往的地方。沒有其他地方，沒有其他眞相可了悟，也沒有其他的開悟。這就是眞正的禪帶你去的地方，這就是「我是誰」這個問題帶你去的地方，這就是靈性自體解析帶你去的地方。這就是「完成」。

意識主導論是唯一不需要信念的現實模型。事實上，它根本沒有什麼要你「相信」的。停止相信每樣事物，不再同意任何事，重整你的動力，砍除一切虛假，燒毀一切，你就會發現你從沒眞正離開過。你一直都在意識主導論中。

我稱爲意識主導論的現實模型，對我來說簡單而明顯。我不被信念所困，因此可以不透過錯誤認知那混淆和扭曲的濾鏡去感知。我不會看見不存在的事物，也不會看不見存在的事物。然而，我並非意識主導論的擁護者或傳教士，不想勸服任何人相信任何事。我只是在描述我看到的，而且我認爲，任何想要在理論上了解意識主導論，且願意稍微放下相反信念的人都做得到。

或者，你可以選擇走了悟眞相這條路，那麼關於意識主導論的一切都會自動變得清清楚楚。意識主導論是我現在生活其中的現實，就像宇宙主導論曾經是一樣，但我不是透過概念到達這裡的。我在三部曲中描述過，我經歷了一次轉變，而這就是我最後抵達的地方。實際上，沒有其他終點，如果你不在意識主導論中，你的旅程就還沒結束。

簡單的事實就是，事實是很簡單的。任何一個頭腦可以正常運作的人應該都能相當輕鬆地從理論上了解存在眞正的本質。任何人如果想要轉變到意識主導論，並生活在這個現實中，都可以把三部曲和這本書當作我的證詞：意識主導論的現實是一個可以達到並生活其中的範式。意識主導論不是又一個理論，而是開悟的觀點，任何從夢境狀態醒來的人都會視其爲「家」。

意識主導論是一個不需要信念的論點。你可以相信它，我想，當然也可以不相信。但是，讓它與其他所有理論或模型區分開來的是，它可以直接被知曉、可以自我驗證，不需要借助任何教義或信條、任何中間人或仲裁者。你不必相信它，只須停止拚命努力不相信。這超越了關於靈性發展的流行概念。那些老舊的地圖和車輛沒法把你帶到這裡，所以現在該拋棄舊的、打造新的了。你唯一的路，就是你自己開闢出來的那一條。

> 無論多少實驗都不能證明我是對的，但只要一個實驗，就能證明我錯了。
>
> ——愛因斯坦

意識主導論無法被客觀地證明，沒有什麼能證明它。然而，你卻可以做到相反的事：你可以證明一件事是不眞實的、是虛假的。這就是「可證僞性」。我們也許無法證明某件事爲眞，卻可以證明它不是眞的。好模型的標準，就是可以輕易被證僞，而沒有什麼比意識主導論更容易被證僞了。

我發現，每當我打開冰箱門，裡面的燈就會亮。我觀察了這個因果關係一兆次，每次都一樣，於是我提出一個假設：只要我打開冰箱門，燈就會亮。這是一個有效的理論。就像任何有效的理論一樣，它無法被證明爲眞，但可以被證明是假的。它之所以無法被證明爲眞，是因爲我不知道未來會發生什麼，但只要有一次燈沒有亮，這個理論就被證僞了。甚至只要燈**有可能**不亮，這個理論就被殺死了、駁斥了、摧毀了。因爲燈泡可能燒壞，冰箱可能沒電，太陽可能爆炸而死亡，還有其他一百萬種可能性，以致燈泡**也許**無法在我開門的時候亮起來，那麼我提出的理論就被證僞了。就算那個燈泡亮了一兆次，從沒出現過例外，也無法證明任何事。這就是可證僞性。意識主導論是個模型、是個理論，所以必須用同樣的標準仔細檢查。

那麼，意識主導論可被證僞嗎？

是的，意識主導論極易被證僞。它是如此脆弱，以至於最微小的灰塵就能粉碎它。我們只須證明這粒灰塵存在，意識主導論就被摧毀了。而我們唯一要做的，就是證明有一樣事物存在，然後就結束了，但我們做不到。沒有客觀的現實，沒有物質宇宙存在的證據，沒有任何事物可以被證明。意識主導論的模型極易被證僞，卻無法被證僞。

閩希豪生男爵曾經在他的一個故事中聲稱，他有一次用自己的頭髮把自己和自己的馬從沼澤中拉了出來。這和引導悖論很相似——這個悖論描述的是某樣事物的基礎由它本身提供的狀況。比方說，共識現實支持我們相信所有人都存在這個信念，因爲每個人都相信它。此類邏輯悖論有時被稱作奇異循環或糾纏的階層結構。想想艾雪那幅兩隻手互繪彼此的畫，或是一家公司持有某家擁有它的公司的股份，或者先有雞還是先有蛋的問題，或是《靈性的自我開戰》其中一章的標題：這句子是錯的。

當一段時間旅行沒有可辨識的開始或結束時，這類莫比烏斯環式的悖論也會出現。就像在電影《星際爭霸戰》中，史考特回到過去，把製造透明鋁的配方交給別人，而這個配方最終會被交給他自己，所以他才能回到過去把配方交給別人，這意味著透明鋁在被發明之前就存在了。

算了吧，傑克，這裡是唐人街[2]。

①儘管有內在矛盾（這是全書唯一的原注，其餘皆為譯注）。

②這句話出自電影《唐人街》，大意是：我們無法改變或完全理解身邊某些狀況，不如算了吧，不要和它們做無謂的掙扎。

7 定義意識

存在，或者說意識，是唯一的現實。各種影像在意識這塊銀幕上出現又消失，銀幕是真的，而影像不過是上面的幻影。

——拉瑪那．馬哈希

意識是什麼？如果去問一百個公認的專家，會得到一百個不同的答案。我也許不是個公認的專家，但我的答案是唯一正確的。意識是感知者、感知與被感知者的聯合，這三者是一體的，沒有一個單獨存在。沒有感知者，就不存在感知這件事，也沒有什麼事物能被感知；沒有感知，就不會有被感知的事物，感知者也無從存在；而沒有被感知者，也就沒有感知這件事、沒有感知者。這三者必須同時存在，它們是單一實體，不是三個部分，而意識就是這個單一實體。

現在，事情變得棘手了。實際上，有兩種類型的意識：阿特曼（Atman）①意識和梵（Brahman）意識。阿特曼意識就是存在於「感知者—感知—被感知者」夢境狀態中的那個「我在」，植根於梵意識中，後者是未分化且絕對的——沒有感知者，沒有感知，沒有被感知者。非眞實的阿特曼意識如何從眞實的梵意識中產生？我不知道，去問瑪雅吧。

其實，我知道。非眞實的阿特曼意識並未從眞實的梵意識中產生，因爲非眞相不存在，唯有眞相存在。阿特曼意識是我們所生活的現實，梵意識則是我們的絕對本質。意識是眞實的，而意識的內容不是。

梵意識沒有屬性或特質。它沒有是非觀念；它天生非善非惡；它不是道德的，也不是有靈性的；它沒有愛好、沒有偏見、沒有喜好，不涉入任何事物；它不同於上帝或我們的希望和幻夢製造出來的那些神祇；它沒有立場，不指望你做任何善行或進化；它不靠人們的讚美和崇拜生存；它不評斷，不在意任何事——愛不比恨好，善良不比邪惡好，快樂不比痛苦好。我們針對意識所做的任何「是這樣，不是那樣」的陳述一定是虛假的——它在這裡，不在那裡；它是熱的，不是冷的；它是仁慈的，不是殘酷的；它是X，不是Y，諸如此類。只要開始定義意識，我們就是在把它削減成有限且虛假的。

梵意識不僅是眞實的，它就是眞相。

蘇格拉底說過，他唯一知道的就是他一無所知，但正確的陳述是：「我唯一知道的，就是我存在。我在。」而「我在」的本質是什麼？意識。「我在」和意識是同義詞，說出其中一個，等於說出另一個。在本書中，我們用「我在／意識」（I-Am / Consciousness）一詞指出這個唯一確定的事實。我存在，我是有意識的。我就是意識[2]。

「我在」是知識的開始與終結，對任何一個有意識的實體而言，沒有什麼其他事物是它知道或可以知道的，無論何時何地都不存在這樣的可能性。「我在」是知識的絕對通用常數，對任何事情來說，都不存在另一個絕對通用常數。

我們把「我在／意識」這個詞當成某種靈性術語來使用。我存在是任何一個有意識的實體唯一可能知道的事，但「我在」的本質是什麼？就是意識。「我在／意識」

不是分開的兩樣東西，而是一樣東西的正確表述方式。「我在」是那個存在者，而意識是存在的東西，你不能單獨擁有其中一個，所以我們首次使用「我在／意識」這個準確的新詞。這個詞有時可能稍嫌冗長，比如當我們開始思索你的「我在／意識」或其他的「我在／意識」時，但我認爲最好還是不要簡寫它。

關於意識，我們還有什麼其他可說的？沒有了。這一點很重要。沒有什麼意識專家，沒有一個實際存在或想像中的有意識實體可以知道「我存在」以外的任何事，無論是神、外星人，還是更高界域的居民都沒辦法知道更多。「我在／意識」的任何擁有者都是相等的，關於意識，每一個有意識的存在都是最高權威，沒有人比你自己更了解你的意識。你不需要努力掙得意識，你不需要爲了它去學校或教堂。你就是它，它就是你。如果你了解意識**就是**意識所**意識到**的東西，你就知道了一個人可以知道的一切，之後的任何進展，不過是透過解除由情緒賦予力量的錯誤認知——自我——來清理你的意識。

「我在／意識」就是確定的知識的全部了，其他的一切都是信念，而沒有任何信念是眞實的。在我爲數不多且一直打瞌睡的幾次關於意識本質的沉思中，只有一件事是我認爲不可能的：知道「我存在」以外的任何事。這條規則不可能被任何界域的任何實體打破，永遠不可能。再見，上帝。

說到靈魂（我們之前沒有提及，但現在不妨談談），有這樣的東西嗎？或者，它只是一個應該與其他信念一起被拋棄的信念？假設有靈魂這樣的東西，那什麼能將一個靈魂與其他靈魂區分開來？怎樣分別我的靈魂和你的靈魂？

「我在／意識」只是「阿特曼意識／梵意識」的另一種說法，「我在」的部分就是阿特曼意識，「意識」的部分則是梵意識。斜線之前是你認爲的自己，斜線之後則是你的眞實本質——無時間性、未分化的「無我」。所以好消息是，沒錯，你在意識層面是不朽的，但你認爲的那個你卻不是。對那些在靈魂中尋求某種個人元素的人來說，這也許是個不太受歡迎的消息，但往好處想，梵意識是一件眞實存在、且你眞正擁有的事物。梵意識也許是無我，但它是你的眞實本質。

對自我感強烈的人來說，這是筆不划算的買賣，但是在你拆解了一部分自我、看清楚它由什麼構成之後，你會很欣慰地在那一層層虛假之下找到眞相。眞相如同一塊拳頭大小的冰雹中一顆小小的灰塵——一開始，空氣中的水分附著在這顆灰塵周圍，形成冰雹。冰雹也許擁有過度膨脹的自我感，直到它開始迅速消融，快要一點也不剩，幸虧那顆小小的灰塵讓它免於完全湮滅。那冰雹也許不再是一塊獨一無二的冰，但至少它存在，而不是一點也不剩。

被問到自己是誰時，《聖經》中的上帝答道：「我即是我存在。」[3]對你我來說，這樣回答很不錯，不過這個答案表明了應答者是「非上帝」。眞正的上帝一定等同於眞相與無限——梵意識——它不講話，不參與，不將自己定義爲夢境狀態中一個有限的存在。

與了解什麼**可以**被知道同樣重要的是，了解什麼**不能**被知道。明白沒有人可以知道任何事，是通往知曉一切的大門。漫不經心的觀察者很可能假定我們知道各式各樣的資訊，科學界每天都在擴展人類的知識疆域，但認眞的觀察者會發現，人類知識的圖書館實際上寂靜無聲、空無一物。

我們顯然知道時間是什麼，但撇開「顯然」這一點不談，事實上，我們對它一無所知。沒有人知道，也沒有人可以知道。我們對時間有個約定俗成的定義，而時間在很大程度上也表現得很適切，但事實上，沒有人知道時間到底**是**什麼，也永遠不會有人知道。

空間？情況也一樣。它看上去明顯到不容置疑，卻完全超出任何人的理解。能量、物質、香蕉、聲音、水、奇怪的念頭、族群性、光、生命、兩隻手鼓掌，任何你叫得出名字的東西，任何你覺得自己知道的事物，都會像海市蜃樓一樣閃閃發光，而一旦你眞正盯著看，它們就會消失不見，因爲存在意識中的任何事物**本來就是**海市蜃樓。

可以確定的是，任何理論、模型、哲學、宗教、科學或世界觀，只要表明或假定有任何「我在/意識」之外的事物是眞的，都會立刻被降格爲毫無根據的推測。可以進一步確定的是，任何理論、模型、哲學、宗教、科學或世界觀，只要表明、相信或假定**沒有**任何「我在/意識」之外的事物是眞的，就一定與意識主導論在各個方面完全相同。這是眞相的簡單邏輯：當你擁有信念時，你就在宇宙主導論中做著夢；而移除所有信念之後，你就在意識主導論中覺醒。

意識是眞實的，但意識所**意識到**的東西不是，就如同銀幕也許是實在的，但投射其上的影像不是。在心智銀幕上舞動的意識內容看起來也許非常眞實、不容置疑，就像撞到腳趾所感受到的疼痛一樣眞實，但它不是眞的。這是不變的眞相。它不是理論、猜測或信念，只要你是個能夠宣稱「我存在」的有意識實體，「我在/意識」就是你的眞實本質，而你可以直接知曉這個眞相，並明白其他任何知識都是沒有根據且虛假的。它不存在於任何靈性、宗教、科學或哲學範疇，它只是存在。意識存在，而且只有意識存在。

我存在意識之中，我感知到的一切也同樣存在意識之中，所以我在本質上與其他事物是相同的。一切都是意識。我的一部分感知也許在我的屁股碰到椅子之處結束，但屁股、椅子、房間、聲音、氣味和念頭都屬於意識。在宇宙主導論中，「我在這裡結束，『非我』在那裡開始」這種說法是講得通的，但在意識主導論中則顯得沒有根據且荒謬。我不是說我和椅子是一樣的，而是在說兩者之間的區別從一開始就沒有顯現。在夢中，沒有什麼元素比其他元素更眞實或更不眞實，唯一有根據的區別，在於做夢者與夢境之分。

我注意到，有些人會糾結於這一點。從宇宙主導論的觀點看來，很難相信一個據稱已經開悟的人眞的可以經驗到合一意識、可以在一切事物中看到自己，以及那些天人合一的神祕事兒。沒錯，我同意這些聽上去像捏造的，但那是因爲它們都不準確。開悟並不是正確的認知進入你的頭腦，而是錯誤的認知離開你的腦袋。那些不好的舊知識離開後留下空洞，但不會有好的新知識湧進來填滿它。並不是我認爲自己和我感知到的一切是相同的，而是我根本沒想過其他可能。我感知不到人爲的區別，其實，根本沒有眞實的區別。萬物當然都是一體的，全都是意識。

---

① 「阿特曼」為梵文Atman的音譯，意為「我」。

② 「I Am / Consciousness」與「I am consciousness」（我就是意識）寫法相近。

③ 出自〈出埃及記〉第三章第十四節，原文為：「I Am that I Am.」，《聖經和合本》譯為：「我是自有永有的。」

8 無須敬畏的奧祕

請相信，這件事沒有什麼神祕的。如果它很容易，我們不是應該早就全都成佛了嗎？這是毫無疑問的，但那個表面上的困難其實來自我們受到的制約。換句話說，某種制約反應讓我們往錯誤的方向尋找，因而無法感知到明顯可見的，才會有表面上的奧祕存在。

——為無為①

所以，那個大奧祕到底是什麼？從我的角度看，一切都明顯可見、都可以被理解、都說得通。沒有什麼被隱藏或保留，任何一個**想要**知道的人，都**可以**知道。我們一出生就被設定要相信我們的存在是一道解不開的謎，但如果努力思考一下，就會發現那個奧祕本身才是謎。難解之處不僅在於那個大奧祕到底是**什麼**，還有：**為什麼**會有一個大奧祕？爲什麼會有任何奧祕存在，如果沒有呢？假如那個「令人敬畏的奧祕」只是我們內在的一個信念，沒有外在的對應部分，會怎麼樣？

這正是我們所處的情況。除了你堅持強調的那個奧祕之外，沒有什麼奧祕可言，都是你製造出來的。沒有一個製造無知的仲介組織把你和「存在」的偉大答案分開來，那些答案就在你眼前，絲毫無意隱瞞或保密。

實際上，我的一生都致力於發現和消滅奧祕，而且徹底成功。其實我所做的不是解開奧祕，而是發現那些奧祕不過是本身並不神祕的信念。這就像我們提過的無門之門——一旦穿過那扇門，你就會發現根本沒有門存在。但就無門之門來說，從理論上穿越它和實際穿越它的差別，就像桌子上的地球儀和地球這顆行星之間的差異那樣大。

不實際走上旅程，只從理論上理解意識主導論，可能嗎？當然，也許吧，爲什麼不？理論就是這樣啊，如同我們互相贈送的明信片，可以欣賞上面的風景，而不必眞的去任何地方。我可以在理論上理解所有我其實根本不了解的事物。我對全球衛星定位系統如何運作熟悉到可以在一張餐巾紙上畫出草圖，但從來沒人花錢請我搭飛機去幫他修理壞掉的衛星導航系統。

只要開始檢視「奧祕」這個東西，就會發現它不太對勁。早在著手處理奧祕之前，我就不太喜歡這玩意兒；眞正開始採取行動之後，就發現我當初是對的：所有奧祕只存在觀者眼中，我們隨時可以停止看見奧祕，只要我們決定打開眼睛，眞正去看。這一點相當重要。我們必須仔細檢視「奧祕」這件事，才能穿越它往前走。我們不加挑剔地接受了宇宙主導論爲現實，從此開始在洞穴中尋找太陽。也許這就是我們在宇宙主導論中可以做到的極致了，但宇宙主導論本身並不是我們能做到的極致。

我們坐在室外，享受著早晨清冽的空氣。卡爾在看報紙，我在一本拍紙簿上寫東西。卡爾的雙胞胎讀了一些我的草稿，看上去有些迷惑。

「我們的現實看起來實在太**真實**了。」約翰用聽得見的音量對克蕾兒低語道。

「是啊。」克蕾兒悄聲回答。

他們抬頭瞄了我一眼，以確認我是不是聽到了，並且想要回應。

「和什麼相比呢？」我問。

「什麼？」克蕾兒問。

「現實和什麼相比看起來很眞實？」

兩姊弟同時做了個鬼臉，回頭繼續看他們之前在讀的那一頁。過了一會兒，約翰提出另一個問題。

「那麼，這一切是從哪裡來的？」

「這一切什麼？」我問。

「整個宇宙，」克蕾兒說，「星系、數十億人類、中國、亞馬遜雨林、貓、狗、星星、我們，我不知道，就是**所有的東西**。」

「還有那些小一點的玩意兒，」約翰說道，「整個次原子世界、夸克和輕子，以及他們在討論的那個希格斯什麼的。」

「是啊，」克蕾兒說，「而且不僅是現在，在時間上延伸出去，還有過去和未來，直到永遠。你不能說這些全都不是眞的吧？」

卡爾從報紙後面盯著我們，不想漏掉這段對話。

「我同意，你們的話非常有說服力，」我說，「但你實際上意識到多少東西呢？你眞的意識到了無窮的宇宙，或者只意識到自己的那一小部分？一般情況下，我只能意識到我看到、經驗到、想到和夢到的事物。我眞正的感知能力其實非常平凡，現在我感知到的就很典型：一些人、一些聲音、一小塊區域。就算這樣說都誇大了事實，因爲我實際上只能感知到我將注意力集中其上的一小部分事物。你提到的其他東西，星系、原子之類的，我只能藉由圖片或影片知道它們的存在，或許還可以透過特殊鏡頭看到它們，但在沒有外物協助的情況下，一個人覺察到的不可能超過他當下正在體驗的事物。所以，檢查一下你的現實，看看它是不是眞的上窮星際、下至次原子；或者，它其實只限於你現在所關注的東西，還有一些周邊意識。我們或許會假設自己可以感知到宏觀和微觀尺度上的空間，而時間也向過去和未來無窮延伸，但我們的實際感知其實沒有那麼廣博。」

他們看上去有些矛盾，但並未繼續糾纏。在紙張和平板電腦前蜷縮了一會兒之後，兩個人的頭又冒了出來。

「我再問一遍，開悟是什麼？」克蕾兒問道。

「超脫虛假，」我說，「解除對非眞相的知曉，只留下眞相的過程。一層一層地剝下虛假的自我認同，摧毀虛構的僞裝，直到剩下那無法被分割、無法被摧毀、無法進一步削減的——眞相，我在／意識。眞相終究是簡單的，『我在／意識』也一樣，易於理解，沒有破綻。」

「我認爲很多人都會反對你的意見。」約翰說。

「反對什麼？」

「意識，」克蕾兒說，「整個意識主導論。」

「哦，是啊，一點都沒錯。」我說，「我同意很多人都會反對我，但如果你停下來想一想，就會發現其實沒有什麼可反對的。實際上，我什麼都沒說。我沒有強調或宣稱任何事，也不提供教導或信條。沒有什麼可爭辯的，也沒什麼事實可以用來與我爭辯。我們已經超越了意識型態、信念和思想學派的領域，不再需要任何才智、學問或辯論手段。你是對的，很多人會反對說意識包含時間和空間，但支持他們的只有信念。把信念去掉，剩下的就是意識主導論。」

「我覺得你把這些東西說得有點太簡單了。」報紙背後的卡爾說道。

「一個只有一塊拼板的拼圖遊戲，」我說，「能有多困難？」

一旦我們理解了——至少在理論上了解——所有的知識都是信念，而沒有任何信念是真的，擺脫信念就成了一件簡單的事：把信念帶到陽光下檢視，使它們失去陰影的力量。本質上，這就是覺醒的過程。把這個過程進行到底，你會到達一個古怪而荒涼的地方，叫作「完成」，然後，你將回到一個以新的方式運行的新宇宙。在這個新宇宙裡，一切都合乎情理、都可以理解，你可以和這個宇宙互動，獲得它的回應，而且，它與你的自我之間不會有任何有意義的區別。

剛剛被解放的自我在其中找到它自己的這個新宇宙，與之前的宇宙是同一個，唯一改變的，是對於「我存在」的誤解——錯誤認知——被更正了。現在，意識本身被理解爲那個宏大的超集合，其他的一切都只是出現在其中的現象。這份理解並不是因爲打開一個開關而出現，而是隨著你透過一個新的處理器重新編譯一生中的所有資料自然發生，直到那一天來臨——到了那時，核戰、蝴蝶、自殺、音樂、宗教、狗、記憶，以及你前面那張長椅背上的刮痕，對你來說眞的都一樣，顯而易見，不需要任何信念。

很多足夠聰明的人在探尋奧祕的答案，永恆的奧祕卻依然保持神祕——未經質疑的假設是這個現象的關鍵。當我們開始在某樣事物可以被找到的範圍之外尋找它時，它一定永遠躲在我們身後，而我們也一定找不到。無論是個人在追尋意義、科學在尋找解釋一切的理論，或是哲學在探索眞相，都難以找到答案——不是因爲答案隱藏得很好或本質上很神祕，而是因爲我們從錯誤的假設開始，往錯誤的方向尋找從未隱藏起來或一點都不神祕的東西。

從意識的角度看，現實是你感知到的一切。你的現實也許與共識相符，也許不是，無論如何，它是你的現實。無論存在的是什麼，都是正確的。錯誤不可能存在，即使對錯誤的感知也是正確的。感知就是感知，怎麼會有對錯？

歸根結柢，我們都漂浮在無邊的海洋上，沒有一個地方比另一個地方更好或更壞。然而，我們卻使勁划水，想要移動。幻相女神瑪雅非常好心地用「他者」的幻覺環繞著我們，好讓我們對自己所處的地方不滿意，渴望前往另一個地方。我們永遠無法理解瑪雅，但必須對她心存感激。沒有她，我們會在哪裡？

① 英國道學家泰倫斯・詹姆斯・史坦納斯・葛雷的筆名。

9 摩根德耶的故事

很久很久以前，所有生物都滅絕了，整個世界剩下一片汪洋——一個灰色、冰冷、霧濛濛的沼澤。只有一個老人從毀滅中倖存下來，孤身一人。他的名字叫摩根德耶。

他在死水中走啊走，筋疲力竭，找不到可以藏身的地方，看不到任何生命存在的跡象。他深陷絕望，喉嚨被難以表達的哀傷哽住。突然，不知道為什麼，他回過頭來，發現自己身後有一棵無花果樹正從泥沼中長出來，樹下有個正在微笑的漂亮小孩。摩根德耶停下腳步，驚訝得喘不過氣來。他無法理解為什麼這個孩子會在這裡。

接著，小孩對他說：「我看到你需要休息，進入我的身體吧。」

老人突然無比蔑視自己的長壽。小孩張開嘴，一陣大風吹了起來，讓人無法抵抗的狂風將摩根德耶掃向小孩嘴裡。他身不由己地鑽了進去，掉進小孩的肚子裡。他在裡面四處張望，看到了小溪、樹木、成群的家畜，還看到扛著水的女人、一座城市、街道、人群和河流。

是的，在小孩的肚子裡，摩根德耶看見整個地球，平靜而美麗。他看到了大海，看到了無盡的天空。他走了很久，比一百年還久，都沒有碰到小孩身體的盡頭。然後，風又吹了起來，他感覺自己被向上拉去，從同一個嘴裡被吐出來，發現那個孩子還在無花果樹下。

小孩微笑地看著他說：「希望你好好地休息過了。」

——尚—克勞德．卡里耶爾改編的舞台劇版《摩訶婆羅多》

10 不是悖論的悖論

上帝從空無中創造出一切事物，但一切事物都隱約透出其空無的本質。
——保羅．梵樂希

我們遇到一個悖論，太棒了，現在我們有了進步的希望。
——尼爾斯．波耳

那是另一個美麗的夜晚，我們剛用完晚餐，坐在戶外起居室裡，圍著那個製造跳動火焰的玩意兒製造出的跳動火焰。約翰和克蕾兒縮在一邊討論著什麼，卡爾在看雜誌，珊蒂在打毛線，我則有一大落書要努力啃完。卡爾放下雜誌，抬起頭來。

「你對時間旅行有什麼看法？」他問道。

「不可能，」克蕾兒回答他，「你不能在時間中旅行。」

「因爲有悖論。」約翰補充道。

「因爲你可以在你父母相遇之前就把他們殺掉。」克蕾兒說。

「這樣你的父母就沒法把你生出來。」約翰補充道。

「所以就不會有一個**你**回到過去殺掉他們。」克蕾兒說。

「你做的任何事都可能完全改變一切。」約翰補充道。

「以此類推。」克蕾兒說。

「沒錯，」約翰補充道，「以此類推。」

「嗯？」卡爾對我說。

「嗯什麼？」

「答案是什麼？」

「問題是什麼？」

「時間旅行。時間旅行可能嗎？」克蕾兒問道。

「當然可能。」我說。

「那悖論呢？」約翰問道。

「沒有悖論。」

「這是個悖論！」克蕾兒高聲喊道，擺出一個誇張的「我控訴」手勢。

「因爲如果我們回到過去……」約翰說。

「然後阻止我們的父母搞在一起……」克蕾兒重複道。

「或者殺掉我們的祖父母……」約翰說。

珊蒂抬起頭，皺著眉頭看著他們倆。

「好吧，」我試圖在他們的故事變得更可怕之前把它掐斷，「你們得到的悖論是建立在一個錯誤的假設上。重新思考一下你覺得你知道的事。」

「比如說？」克蕾兒問道。

「我們應該重新思考什麼假設？」約翰也問。

「時間和時間的流向，先從這些開始。」我答道。

「所以，時間旅行**真的**有可能？」

「我不確定**不**可能是不是可能的。」我說。

「悖論！」約翰喊道。

「植入夢境呢？」克蕾兒問。

「進入某個人的夢裡。」約翰解釋道。

「就像《全面啓動》那部電影一樣。」克蕾兒說。

「進入別人的夢裡，改變他們的思想。」約翰補充道。

「也許現在發生的一切就是這樣，」克蕾兒說，「**一個被植入的夢境**。」

「也許你正在我們的腦子裡，攪亂我們的想法。」約翰補充道。

「或者，也許你正在自己的腦子裡，攪亂你自己的想法。」我說。

克蕾兒瞄了約翰一眼，看看他是不是正在幹這件事。

「不過，植入夢境和時間旅行這種事，有可能發生嗎？」卡爾問道。

「在夢裡，有什麼不可能？」我答道，「那只是你的意識在感知和理解事件，就像現在一樣。昨晚我做了一個飛行的夢，它是如此眞實，我醒來後費了好大力氣才想起來我不能飛；山繆．傑克森在他的椒鹽捲餅車上敲詐了我五塊錢，我醒了之後依舊覺得難以釋懷。我想說的是，意識的內容是什麼有何重要？飛行、植入夢境、時間旅行、空間穿梭、被外星人綁架、變成昆蟲或星系的經驗、體驗到上帝意識或佛陀意識，諸如此類，沒有限制。你是一個無限的宇宙，對你來說有什麼不可能的？」

雙胞胎姊弟悄悄地交談了一會兒。

「那麼再請問一下，宇宙是什麼？」克蕾兒問。

「夢境狀態，瑪雅的幻相宮殿，一個巨大的遊樂場。你可以挑一個比喻，或者自己想一個。」

「但沒有一個眞正的、實際的物質宇宙？」約翰問。

「當然沒有。」我說，「他們會把這個宇宙放在哪兒？」

「所以那就是一個悖論了。」克蕾兒說。

「不是。」我說。

「那它是一個不是悖論的悖論嗎？」約翰問。

「呃，也許吧。」

他們看上去很滿意。

「那柴法德的『無限不可能性引擎』①是有可能的嗎？」約翰問。

「那個引擎不是他的，」克蕾兒糾正道，「他偷來的。」

「他是銀河系的總統……」約翰辯解道。

「那他也沒有權力偷……」

「黃金之心太空船是總統的……」

「不，那艘船是他搶來的，在……」

「別說了，」我說，「拜託。」

他們停了下來。卡爾在一旁看著，珊蒂則在打毛線。

「好吧，」我說，「如果我說不可能性引擎是有可能的，你們是否就了解我對所有事物都會說有可能？」

「是的。」約翰說。

「是的。」克蕾兒說。

「是的，它是有可能的。」我說。

他們咧開嘴笑了，看看我、看看對方，然後又看向我。他們看起來太滿意了，所以我向他們皺了皺眉頭，於是他們又縮了回去。姊弟倆在查閱平板電腦，希望——我希望——找出問倒我的方法。我回到我一開始在讀的那堆書裡，想看看吠檀多不二論或貝克萊主教或其他任何人有沒有把意識主導論這件事說得夠清楚，否則我就真的應該寫一本關於它的書了。

既然已經說所有事物都是有可能的，我不妨也提一下這些非主流的東西：超感官知覺、不明飛行物、出體經驗、瀕死體驗、隔空移物與心電感應之類的玩意兒、天使與魔鬼、大腳怪、預言、星座、奇蹟、占卜——基本上就是所有能在新時代、神祕學和超自然的貨架上找到的東西。宇宙主導論中的超自然現象，比如穿越時間和空間遠距感知，在意識主導論中是很自然、很正常的。它們不過是感知而已，和其他感知沒有什麼不同。在夢境狀態中，有什麼是不可能的？有什麼是沒辦法被夢見的？感知是唯一的現實，所以，如果你感知到某樣事物爲眞，那它一定是眞的，沒有其他的判斷標準。

意識是讓一切變爲可能的機制。以占卜爲例，藉由茶葉、行星連線或雞的砂囊來預測未來的機制到底是什麼？在宇宙主導論中，沒有任何機制可以解釋這樣的事，所以它們一定是不可能的；而在意識主導論裡，那個機制就是意識，所以這樣的事就和其他事情一樣可能。現在再去看看那些超自然的、不尋常的現象，你會發現奧祕可以被同一把萬能鑰匙解開。既然說到這裡，就順便重新審視我們以爲自己了解的種種自然、尋常的現象，因爲它們的運作方式全都一樣。

時間過去了一會兒，或者說，我相信時間過去了一會兒。

「意識是怎麼從無意識中產生的？」約翰問道。

我從我樂意從中抬起頭的一本書中抬起頭。

「這個問題是從哪兒來的？」我問。

「我們在網路上找到的，」克蕾兒說，「它應該是那幾個深奧的哲學問題之一。」

「哦，好吧，如往常一樣，這個問題的假設是錯的，我們在問題上學到的東西比在答案上學到的更多，這一點你們已經知道了。意識並非存在於時間中，而既然意識就是一切，實際上也沒有其他選項。沒有『非意識』這種東西，也沒有意識之外的其他事物。存在眞相中的東西不可能同時**不**存在於眞相裡。你會問無限是怎麼從有限中產生的嗎？會問眞相如何從謬誤中產生嗎？會問眞實如何從虛假中產生嗎？噗！問題被消滅了、奧祕被解開了。還有其他的嗎？」

「爲什麼存在某樣東西，而不是空無一物？」約翰問。

「這是另一個深奧的哲學問題。」克蕾兒補充道。

「好問題。檢查你的假設。」

「比如說什麼假設？」克蕾兒問。

「這個問題裡只有兩個假設。」我說。

「有某樣東西存在。」克蕾兒說。

「並不是空無一物。」約翰說。

他們討論了一下，然後轉向我。

「這一切都讓人非常迷惑。」克蕾兒說。

「非常難以理解。」約翰說。

「其實沒有什麼要理解的。」我說，「你們的困難來自試圖讓我所說的符合你們所知道的，但你們做不到，因爲你們所知道的是錯的。」

這幾句話似乎沒有爲他們解惑。

「如果沒有錯誤的知識，」我繼續說道，「意識主導論會很簡單、很自然，不需要耗費任何力氣去理解。我說過，它對我來說不是個概念上的挑戰，而是我目前存在之處。如果你從二維現實進入三維現實，一開始，一切事物都會顯得新穎且讓人迷惑，但你會逐漸習慣，然後它就成了你的新現實。對我來說就是如此，這是因爲我就在這裡，而不是因爲我在概念上理解了意識主導論。明白我在說什麼嗎？」

他們看上去並不明白，但也沒有開口明說。

「好吧，想像一下，你從二維現實轉入三維現實，等到習慣之後，你回到原來的二維現實，向那裡的人描述三維現實的狀況。首先，你會發現這兩個範式毫不相干；其次，如果對你而言唯一值得說的，就是告訴別人自己去三維現實看看，那麼，向人們描述你的新現實就成了一項極富挑戰性、且終究非常荒謬的任務。這就是我們現在所處的狀況、就是我說的話之所以讓人困惑的原因，明白了嗎？」

他們並未瞬間開悟。「讓人瞬間開悟」這個領域眞的只屬於禪宗那幫人。

①典出英國作家道格拉斯・亞當斯暢銷名作《銀河便車指南》，與本書後文引述的《宇宙盡頭的餐廳》屬於同一系列。

11 山與兔子洞

開悟之前，見山是山；
在開悟的過程中，見山不是山；
開悟之後，見山又是山。

當然，我們說的不是山，而是宇宙——宇宙一開始是宇宙，然後不是宇宙，最後又是宇宙。第一行是宇宙主導論，瑪雅的幻相宮殿；第二行是宮殿之外，永恆的空無，一個奇怪而荒涼、名爲「完成」的地方；第三行則是經過十年左右的重新編譯和處理，而達到的意識主導論現實。

見山是山＝宇宙主導論的夢境狀態

見山不是山＝覺醒

見山又是山＝意識主導論的夢境狀態

第三行暗示，我們又回到一開始的地方，但又不盡然如此。進入第三階段後，世界又回到它原本的現實，但現實本身永久改變了。第二部分，見山不是山的階段，是永恆的空無。一旦所有由情緒賦予力量的錯誤認知被移除，剩下的就是永恆的空無。永恆的空無是**真正的**現實，而現在你所處的這個現實，則是**虛擬的**。從第二部分進入第三部分，並安定下來，以我的經驗，需要十年左右。然後呢？山是山嗎？當然，它一直是那座山，不過，並不完全是，因爲沒有人眞正從永恆的空無回來。

進入見山又是山的階段，觀者會發現自己處於一種全新的現實中，其中的確存在一座山，但同時又沒有山。同樣的山，不同的現實。被感知者和感知沒有改變，感知者變了。錯誤認知消失了，濾鏡被移走了，情緒的連結被切斷了，魔咒破除了。

在《駭客任務》中，墨菲斯提議要向尼歐展示兔子洞到底有多深，話語中暗示他們會走得更深。他應該說的是，他會幫助尼歐離開他原來身處的洞。事實上，他們從來沒有讓尼歐離開，只是幫助他向上走了一層。

開悟之前，我在兔子洞裡；

在開悟的過程中，沒有什麼兔子洞；

開悟之後，我又在兔子洞裡了。

我們不了解兔子洞裡的規則，因爲根本沒有規則。邏輯本身符合邏輯嗎？一加一等於二嗎？我在相信自己理智且清醒時，眞的理智且清醒嗎？身處夢中時，我相信夢境是眞的，這就是現在的狀況嗎？

我自己曾經離開兔子洞，又重新進入洞裡，但即使如此，我其實沒有重新進來過，也辦不到。即使身在洞中時，我也在洞外——對不起，說了句有禪意的胡言亂語。離開兔子洞時，我並沒有發現自己到底是誰、是什麼、在哪裡，而是發現了我**不是**誰、**不是**什麼、**不在**哪裡。這其中不涉及知識，所以不太容易忘掉。

也許清明夢是理解見山又是山、又回到洞中的意識主導論最好的方法。就算沒有體驗過清明夢，也非常容易就能理解它：我們把平常醒著時的意識帶進沉睡時的夢境狀態，全然覺知自己是存在虛假現實中的眞實人物。

見山是山＝做夢
見山不是山＝清醒
見山又是山＝清明夢

清明夢的夢者可以瞬間抽離，回到完全清醒的意識，因爲他從來沒有眞正離開過。這就是「清明」的意思：我們不會像第一階段那樣完全**處於夢中**。我們不再穿著睡袍在瘋人院裡遊蕩，現在，我們帶著訪客證自由出入。

12 邪惡的魔鬼

我是如此依賴身體和感官，以至於沒有它們我就無法存在嗎？但我之前被說服而相信世界上不存在任何事物——沒有天空和大地，也沒有身體和心靈——這不等於說我不存在嗎？錯了！只要我被說服去相信某件事，我一定存在。然而，有一個我不知道是什麼的存在體，它擁有至高無上的力量且無比奸詐，時時刻刻不留餘力地欺騙我。所以，我無疑是存在的，因為我被欺騙了。那麼，就讓它任意欺騙我吧，只要我意識到自己是某樣東西，它永遠也不可能證明我不存在。

——笛卡爾

邪惡魔鬼的概念來自笛卡爾。提出「我思故我在」時，他同時推斷出，有個邪惡的魔鬼可以在任何事情上欺騙他，除了「他存在」這件事。「他存在」這個事實一定是對的，他才能被魔鬼欺騙，所以這件事是魔鬼無法欺瞞的。

笛卡爾的邪惡魔鬼只是一個說明的手段，但事實上，真的可能存在這樣一個魔鬼嗎？我們有沒有可能生活在它的影響下？電影《駭客任務》提到一種透過心智連結現實的虛擬實境技術，這技術有趣的地方在於，這本書問世之後的幾十年內，我們也許就能把一個數位現實輸入活的人腦中。也許三到四十年內，有意識的實體就可以體驗到完整的感官現實，而不知道它們其實只是沒有身體的大腦，過著預先錄製或由電腦模擬的人生。

但是，電腦提供給人工現實的原材料從哪裡來呢？也許來自心智連結技術被創造出來之前幾十年的數位紀錄；也就是說，就在我寫這本書的此刻，我們正生活在一段狹窄的時間帶中，用來編譯人工現實的資料將會從這裡提取。生活在心智連結技術中的接收大腦不會體驗到沒有數位記錄技術之前的世界，也不會體驗到一個心智連結技術太平常，以至於誰也騙不了的未來世界，而是會經歷我們現在所處的這一小段時間。用來收集現實感官元素的時間只有短短的一小段，我們就生活在其中。

這意味著，可能有一個被編譯好的現實資料庫，它將永久成爲所有心智連結接收者的核心原材料，即使幾千年或更久之後都是一樣。就一個技術不斷發展的社會而言，我們現在所處的這段時間是唯一適合收集人類原材料的「甜蜜點」。任何一個接收大腦都會發現自己生活在二十一世紀的前半段。

成爲一個接收大腦，誰能抱怨？不是你，而現在應該很明顯了，我們在說的就是你。你碰巧發現自己生活在這段時間裡，這段將爲所有人類的人工現實提供原材料的時間，是個難以忽略的巧合。你稱爲地球的這顆行星也許遠古以前就被摧毀了，而你的類比生活也許一直都是數位的。

這樣說來，你的想法和記憶可能不是你的，而無論你認爲自己是誰、是什麼、處於什麼時間和地點，都可能不是你想的那樣。你也許不屬於你以爲的那個物種，也許你根本沒有一個有機肉體。你也許從來沒有行使過自由意志，沒有自己思考過。也許在讀這段文章、駁斥這個想法的並不是你，做這些事情的，也許是你接收到的那些原始資料。也許根本沒有一個你。

《駭客任務》中的每個大腦都是獨立的個體，生活在一個由共用的電腦生成的環境中，但這不是最可能出現的情況。從資訊技術的角度來看，這是個糟糕且毫無意義的計算惡夢。簡單得多的做法是，你選擇一個檔案，點擊播放，這樣同一段人生就可以被輸送給很多大腦。在這個情境中，你只是無數大腦中的一個，這些大腦都過著和你現在一模一樣的人生，也都確信自己是獨一無二的個體，但其實每個大腦都是同一個人——你。這才是最有可能的狀況。你沒有身體，只有一個大腦；你沒有脊髓和感覺受器將外在世界投影到你內在的銀幕上，只有一根與媒體播放器連接的電纜——這是笛卡爾邪惡魔鬼的數位版本。

對某些人來說，這不僅是可能的，而且發生的機率很高。牛津大學的哲學教授尼克．博斯特羅姆在〈你生活在一個電腦模擬的現實中嗎？〉這篇論文裡提出三種可能，其中之一必然是真實的情況。

(1)人類生存的時間不夠長，不足以創造並執行「先人模擬」。

(2)即使他們有足夠的條件，也可能選擇不執行先人模擬。

(3)如果不是(1)也不是(2)，那麼任何與我們有共通經驗的實體幾乎一定是生活在模擬現實中。

博斯特羅姆聲稱：

如果我們生活在模擬現實中，那麼我們觀察到的宇宙只是整個物質存在的一小部分。執行我們的模擬現實的電腦所處的宇宙，可能和我們觀察到的宇宙有著類似的物理定律，也可能沒有。雖然我們看到的世界在某種意義上是「真實」的，但它並非處於真實的基礎層次。

誰是這個小小計謀的幕後主使，那個在烏龜塔①上站得比我們高一層的人？誰在看管我們的心智，他們又怎麼能確定自己不是處於一個技術鏈的下游？他們不能。博斯特羅姆繼續說道：

模擬出來的文明可能變成「後人類」，他們也許會在自己的模擬宇宙中打造強大的電腦，執行自己的先人模擬。這樣的電腦會是「虛擬機器」——一個在電腦科學裡為人熟知的概念。虛擬機器可以疊加，形成多層結構；也就是說，人們有可能運行一個虛擬機器，而這個虛擬機器又運行著另一個虛擬機器，如此反覆運算下去，可以任意進行許多次。如果我們真的創造出自己的先人模擬，那麼這會是強大的證據，證明(1)和(2)的情況不可能存在，如此我們就得出了結論：我們生活在一個模擬現實中。此外，我們也必須懷疑，執行我們這個模擬現實的後人類自己也是被模擬出來的存在體，而他們的創造者可能也是。因此，現實也許包含許多層次。

沒人知道自己是原件或拷貝，或者是拷貝的拷貝，以此類推，這說明了「這種反覆運算可以任意進行多次」會逐漸降低真實度。同樣地，也沒有人可以知道他所處的現實和「真實的」現實有多相似。博斯特羅姆進一步說明他的「邪惡魔鬼」情境：

除了先人模擬之外，還可以考慮進行更多只包含一小群人類或一個單獨個體的選擇性模擬的可能性。那麼，剩下的人類就是殭屍或「影子人」——這些影子人只是為了讓那些完全模擬的人類無法察覺任何可疑之處，所以模擬程度較低。

這意味著，你可能獨自存在這個世界上。

還有這樣的可能性：模擬者可以刪除被模擬的存在體精神生活的某些部分，然後給他們虛假的記憶，那些記憶是關於他們在那段被刪掉的區間通常會經歷的種種體驗。

這意味著，過去的一萬八千年來，你也許一直重複過著之前十八秒的生活；或者，你剛剛才開始存在。只要考慮到「操縱記憶」，任何事都可能發生。

當然，這些都只是在宇宙主導論中半開玩笑的猜測。博斯特羅姆本人宣稱，「這其中的暗示並不是那麼激進」，而且「它的目的不是要讓我們『發瘋』，也不代表我們不必工作、不需要計畫未來」。但是，它的確撼動了我們對現實眞實性的信念，而任何做到這一點的，都是在往正確的方向前進。

①將整個世界比喻為一個無窮的烏龜塔的說法（這個世界是被一隻烏龜馱著，而這隻烏龜又被另一隻更大的烏龜馱著，如此一直馱下去），但這個說法最初的出處已不可考。

13　阿格里巴的三難困境

幻相給我們很好的印象，因為它們讓我們免於痛苦，繼而享受快樂。因此，我們必須毫無怨言地接受幻相，就算它們偶爾會和現實的一部分相牴觸，然後被撞得粉碎。

——佛洛伊德

「我存在」是知識的開始與終結，除此之外，一切都是缺乏可能性的猜測。哲學家可能同意、也可能不同意柏拉圖對知識的定義：知識為「有理由成立的眞實信念」，但沒有任何信念是眞實的，而且沒有理由不去相信這一點。在「我存在」之外，我們無法知道、發現或明白任何事；除了「我在／意識」之外，沒有任何其他知識是有可能的，就算是司掌最瘋狂想像的神也無法知道得更多。

「但是，也許我們認為是眞實的一切**確實是**眞的。」把上一段文字唸給她姊姊聽之後，約翰說道。

「那不是一種可能性嗎？」克蕾兒問道，「也許一**切**都是眞的。」

「不，不是眞的，」我說，「但你可以說它是眞的，因爲那是你的現實。事實上，我們唯一能說的是……」

「我在／意識。」約翰厭煩地說。

「是的，」克蕾兒說，「那個我們已經知道了。」

「但我們必須知道**更多**。」約翰說。

「很好，」我說，「疑惑和懷疑是很合適的反應。把意識主導論當成一個假設，試著摧毀它，用隨便哪一個人告訴你的任何東西來摧毀它，尤其是用我告訴你的東西。『我在／意識』和意識主導論經得起任何攻擊，但只有親自去攻擊，你才能了解這一點。」

看看這枚雞蛋，它來自一隻雞；看看這隻雞，它來自一枚雞蛋。我們都知道問題是什麼：哪一個先存在？那個之前又是什麼？那個之前又是什麼？那個之前又是什麼？以此類推，直到永遠。

在時空中，或者說在共識中、在宇宙主導論中，任何存在的事物一定有一個起點——在那個時間點之前，這個事物並不存在，而在那個時間點之後，它就存在了——以及一個來源，亦即源頭或起因、前身或始祖。任何存在的事物一定是被創造出來的，也一定存在於另一樣事物**之上**。任何結構都需要有一個基礎來支撐，但如果去探究什麼在支撐我們這個現實的結構，會發現三樣在邏輯上不可能的東西：無窮結構、自我支撐結構，以及神奇結構。

無窮結構是沒有底的。沒有一個最終的、支撐一切的支撐物，只有無窮無盡、無可支撐的支撐物。每添加一層支撐物來支撐上面一層的結構，都需要在下面插入一層來支撐它本身。這是一個無窮回歸的過程，向下尋找支撐物的一路上，只有一隻烏龜馱著一隻烏龜。

在自我支撐的結構中，基礎本身就掛在它所支撐的結構上。例如，你可以說你知道上帝存在，因爲《聖經》這樣說，而《聖經》一定是正確的，因爲那是上帝的話語。這就是循環論證的謬誤：每隻雞都來自一顆蛋，而每顆蛋都來自一隻雞，以此類推，直到永遠。

而神奇結構的意思是，我們乾脆大喊一聲「去他的」，我們都看到了那隻蠢雞，它顯然來自某個地方，所以不如說有一顆「奇蹟之蛋」，然後接受它的存在就好。這就是公理謬誤，我們堅持有一個神奇的基礎——上帝、宇宙大爆炸、最大的那隻烏龜——然後不再考慮這個問題，繼續前進。之後，我們會把這種邏輯稱爲「惱羞成怒的辯護」。

這就是讓阿格里巴進退維谷的三難困境：無窮回歸、循環論證和公理謬誤。這三點證明了客觀知識存在的**可能性**是虛假的。其困難之處在於，除非可以完全忽略存在的問題（像我的狗一樣），否則你就必須勉強接受三者之一，然後利用雙重思想①來讓自己忘記這個事實：你所知的一切都是基於一個謊言。

① Doublethink，典出喬治．歐威爾的《一九八四》，意指「既接受一個事實，也接受這個事實的反面」的思維方式。

14　我們之間的差別

（本章摘自《靈性衝撞》。）

「……（我們之間的）差別不在於我有什麼而你沒有，在於你相信那個什麼，而我不相信。你覺得那是真的，我卻看不到。此刻，我甚至記不得了。」

「我覺得什麼是眞的？」

「一切。你相信的一切，你絕對確定的一切，你敢賭上性命說它爲眞的一切。」

科提斯敲敲桌子。「我賭上生命說這張桌子是眞的。」

「很完美的例子，」我說，「我完全不會想到這張桌子有眞實性。我沒有任何類似的念頭，沒有脈絡讓這樣的想法存在。現實對我而言沒有眞實性。」

「你是說沒有桌子嗎？」

「我是說沒有桌子的疑問。」

他一臉懷疑地看了我一分鐘，想要弄清楚我是不是在說，我不認爲我倆倚靠的桌子是眞的。

「你是生活在全像甲板裡。」他指的是《星艦》影集中的電腦虛擬實境，「不只是桌子，還有我？海洋？一切都是？」

我讓他自己思索。他很快就想出來了。

「電腦，」他說，「結束程式。」①

①《星艦》影集中的台詞，這句話是關閉整個虛擬實境的口頭指令。

15 月光奏鳴曲

就算你得不到任何人的支持，真相依舊是真相。

——聖雄甘地

真相，就像光一樣使人看不見；相反地，虛假是美麗的薄暮，讓籠罩其中的所有東西顯得更美。

——卡繆

正如我試圖在三部曲中講清楚的，我個人對闡述這份知識沒有太大興趣，更無意充當靈性上師的荒謬角色。我會做我所做的事，是因爲我和某個比我更宏大的玩意兒有著一種協同創造的合作關係，而我對它完全臣服與信任。並沒有一個**我**在做決定、衡量結果、思考那些無法思考的事，或者爲我的人生導航。如果我停下來想一想，也許會爲自己的人生是往這個方向、而不是那個方向發展感到慶幸，但就算人生眞的往那個方向發展了，我也會毫不猶豫地跟著它走。

仔細想想你就會同意，在這場清明夢裡，沒有什麼事情比我正在做的更不合情理了。如果你在自己的夢中完全清醒過來，你會想要花時間告訴夢中的角色「你們的現實並不眞實」嗎？會去做這件明顯毫無意義的事，只有兩個理由：你要不是被設定／指定／注定要承擔這個職責，不然就是，你只是夢到自己是清醒的——奇怪的是，後者是個並不罕見的現象。

擺脫了一層一層的虛假後，你會孤身一人、赤裸裸地站在一處我稱之爲「完成」的空無之地。「完成」是唯一不必走得「更遠」的地方。在「完成」裡，我意識到的一切，包括我自己，都沒有任何實體或眞實性。提問完成了，知識終結了，一長段劈啪作響、極度神志正常的瘋狂期結束了。

靈性系統不推崇「完成」，甚至不知道有這個地方，它也不是靈性追尋者追尋的東西。如果我期待在靈修彩虹的盡頭找到一罐夢幻般閃閃發光的金子①，我實際找到的東西會讓我想要退貨。但我從來不是個靈性追尋者，也知道踏出「第一步」之後會發生的一切，所以當我發現自己身處一個古怪而荒涼、叫作「完成」的地方時，我既驚訝，又覺得一切都在預料之中。

關於我個人的經歷，還有一點值得一提：我曾經有個工作。到達「完成」後十年，我才眞正開始了解這一點：我是某個更大事物的一小部分，而這個更大的事物一旦被看見、被理解，就爲組成它的所有部分提供了存在的背景與意義。三部曲就是那個更大的事物，一旦我了解這一點，剩下的就說得通了。在我作爲一個人的故事線中，「了悟眞相」這件事沒什麼意義，換作別人的也是如此，因爲了悟眞相是極端非個人、超越個人的。但是，在三部曲現身後，我的人生就有了意義——呃，假如眞的有「意義」這種東西的話。

我把表述我所理解的一切當作我在這世上的功能，那就是我試圖在這本書裡做的事。我的工作不是建構一份天衣無縫的法律文件，或發表一項數學證明，而是要告訴你們，唯一能解釋一切的完美理論就在這裡。這是它看上去的樣子，這是它的道理所在，這是你推導出它的方法，而現在，如果你想要，它就是你的了。但你不會因爲看了一本書，或者因爲變得聰明、虔誠、有靈性而得到它，想要獲得這個解釋一切的理論，你必須剝除你身上所有虛假的部分。

「在那天晚上看到科普節目之前，你從沒思考過你的新範式？」卡爾問道。

「沒怎麼想過。」

這是週五晚上，我和卡爾坐在外面，喝著他稱爲好啤酒的東西。

「聽上去很奇怪。我的意思是，對你來說很奇怪。」

「也許吧，我不清楚。我其實已經不怎麼思考了。以前有一段時間，我還算想了很多事，但在那之後，我就不覺得思考有什麼必要了。」

「未被珍惜的劍。」

「嗯，沒錯。」

「可你還是當了別人的導師，還寫了書？」

「這不一樣，你說的這兩件事比較像是一種允許。也許創造性思考和破壞性思考有些區別，我不知道。思考太沉重了，我不會沒事思考著玩，也不會因爲好奇而思考。它根本不是我日常生活的一部分。」

「你不思考？」

「按照我對思考的看法，我的確不思考。在我看來，思考是——怎麼說呢？原始而笨拙的。之前我只有思考這一件工具，所以它是好工具，但現在我有比它好得多的工具了。」

「意識主導論呢？那不是你必須思考的東西嗎？」

「只有最近才開始思考，而且不是爲了我自己。我所做的不是那種有趣的破壞性思考，只是一個轉換過程。在我個人的轉化結束後，我自然滑入意識主導論中，一切完全說得通，所以從來沒有想要深入研究它的衝動。我們現在討論的是把一個活生生的現實簡化成單純的文字，我對這件事沒有半點興趣，從來沒想過要這麼做。」

「直到你幾個星期前看了那個科普節目？」

「嗯，沒錯。瑪雅和我躺在床上，正準備打個小盹兒，然後我注意到她在對我使眼色，好像我忽略了什麼東西。所以，我就在腦海裡重播前幾分鐘發生的事，然後意識到電視裡那個人在談一個解釋一切的理論。那就是她想讓我注意到的東西，而我立刻明白爲什麼，隨後就產生了進行現在這個計畫的想法。」

「瑪雅，那隻狗？」

「對。」

「你是認眞的？」

「對。」

「好吧，」他將信將疑地說，「在那之前，這一切對你來說都自然到你根本沒懷疑過？」

「當然，就像你的範式對你來說非常自然，根本不需要懷疑。有些事情我們可以直接知曉、直接理解，這時，言語和文字就顯得多餘而無力。我不會試圖把我對事物的理解翻譯成文字，就像我不會想要以文字描述月光奏鳴曲一樣。和音樂帶來的體驗相比，文字貧弱到荒謬的地步。」

「所以，這個想法在你腦袋裡蠢蠢欲動，你就開始動筆了？」

「沒有，只是做了些筆記、查了些資料，實際動筆還要晚一點。一開始我花了幾天做功課。」

「怎麼做？」

「主要是透過網路，還有一些書店和圖書館。我想知道是不是已經有人把我所謂的意識主導論講得夠清楚了，也想看看最近科學發展到哪裡，還有哲學、宗教、東方和西方的靈性系統，以及新舊理論。我花了很多力氣泡在各種資料裡、追進度，想要看看能不能在這個計畫正式開始之前找到理由放棄。」

「你沒有在現存的資料裡找到類似意識主導論的東西？」

「現有的東西都表達得不夠完善，它們的表達方式和我的直接體驗沒有任何相似之處。我認爲，意識主導論必須由一個生活在其中的人來傳達，而不是一個把它當理論研究的人。我找到的大部分資料都很巧妙，但缺乏眞實性，讓我意識到，描述某個幻想行星的理論和該行星居民的直接證詞，有很大的不同。」

「所以你決定……」

「我不做決定。」

「哦，對了，就像第三本書一樣？」

「就像全部三本書一樣。」

「所以，這本書完全出乎你的意料？」

「對，我眞的覺得我已經寫完該寫的東西了。完成三部曲之後的幾年中，我從來沒有想過要針對開悟這個主題再說些什麼。」

「直到現在。」

「是，又不是。我不覺得這份材料是三部曲的一部分，它似乎跟它們是分開來的，但一開始動筆，我就發現我顯然必須在某些地方談到三部曲。不管怎樣，我很開心自己又有一件小事可忙了，這顯然是我應該要做的。之前的五、六年，我很高興自己把這些靈性的玩意兒做完了，而當我完成現在這件事，我也會很開心。」

「除非還有別的事可做。」

「對，那是當然的，只要我看到——呃，怎麼說？一件事需要我做的跡象，我就會去做。」

「一方面，」他說，「你對意識的表述聽起來非常複雜；但另一方面，意識需要被表述這件事似乎很奇怪。我想知道，爲什麼它沒有成爲人們對現實的普遍觀點？爲什麼我之前從沒聽說過它？」

在回答之前，我思考了一分鐘。

「嗯，從宇宙主導論的觀點來看，」我說，「宇宙主導論顯然是**真實的**現實，而意識主導論顯然是荒謬的。此外，意識主導論沒有任何好處。沒有什麼論據支持它，它也不會帶你到任何地方。眞相是傻瓜才會想要的獎賞，它不會有什麼好處，也不會讓任何事物變得更美好；它不提供意義，反而把意義全部剝除；它把遊樂場裡的歡樂全都帶走，一切都沒有了意義、都不重要，早上也沒有起床的理由了。意識主導論沒有帶來任何東西，宇宙主導論則創造出意義的幻相。我們需要一個背景，而宇宙主導論提供了這個背景。就算是虛假的，它依然是我們需要的背景。」

「所以，謊言比眞相好，這是你想說的。」

「當然。眞相也許讓你自由，但緊接著，你就發現自己站在遊樂場外無邊無際的停車場，納悶自己爲什麼出來了，又該怎麼回去。眞相是眞實的，除此之外沒有別的好處；而撇開『虛假』這一點，宇宙主導論則非常値得推薦。」

「但你卻來到這裡。」卡爾說，「你在行動，你在參與，你在對這個世界做出貢獻。」

「我們之間的隔閡在於，你覺得你在和一個跟你一樣的人說話，但其實你沒有。我是一個功能性零件，一台機器的一部分。我存在的目的只是爲了完成一個簡單的任務，我執行我的工作、扮演我的角色。我有身爲人的體驗，但我了解自己是一項功能。我對我的功能有共鳴，卻對我身爲人的特質沒有絲毫感覺。我說的你能明白嗎？」

卡爾盯著我看了很久。

「我不確定應不應該讓你和我的孩子說話。」

「嗯，也許不應該。」

---

① 在西方的民間傳說裡，彩虹的盡頭埋藏著寶藏。

16 科學：我們跟隨的盲眼火炬手

在你的頭頂燎過夜空，
閃耀旋轉的焰星千萬。
在它們盡數熄滅後，
只剩深埋於你之內的永恆存在。
——里爾克

如果想要了解科學這一探索領域，首先要知道的重點也許是：科學本身被嚴格限定在它所處的範式裡，實際上是自絕於眞相的。意識主導論完全超出科學的範圍，因爲有限的系統無法表達無限。科學是一個需要支撐的結構，而只有虛假的範式才能提供其所需的那種支撐。

沒有物質宇宙——就這樣，說完了。這也許是個荒謬的陳述，所以應該很容易證僞，但是，它卻無法被證僞。客觀知識本身是不可能存在的，這意味著，科學永遠只能是個沒有理由相信其可能性的猜測。因此，所有科學顯然且不可避免地都會落入「僞科學」的範疇。

我們可以就此打住，但也不妨多走幾步。

我本以爲，當今持著火炬、站在人類追尋知識隊伍前列的，應該是圖像小說家和電腦遊戲設計師，但史蒂芬·霍金和雷納·曼羅迪諾在他們合著的《大設計》中宣稱：

> 哲學已死。哲學沒能跟上現代科學，尤其是物理學的發展腳步。在人類探求知識的隊伍中，科學家已經成為持著火炬、站在前列的人。

我猜霍金和曼羅迪諾更想說的也許是**宗教**已死，被科學殺掉了，但他們很清楚，宗教不僅沒死，還很有殺傷力，而哲學就手無寸鐵了。大肆攻擊哲學最多只會讓你在雞尾酒會上被人瞪幾眼，可是把砲火射向宗教，則會讓你引火上身——諷刺的是，你會燒得像火炬一樣。

哲學當過火炬手嗎？呃，幾個世紀以前，也許吧，在啓蒙時代[1]，還有在崇尚思考的古代東方。但現在如果隨便找一個人，問問他認同哪個哲學門派或分支，他也許連編一個答案都做不到。

另一方面，宗教無論在哪個社會都是生命的關鍵面向，即使那些自我標榜的無神論者，也被禁錮在某種宗教特質裡，他們的理性頭腦都救不了他們——也許這就是爲什麼那麼多人覺得有必要自我標榜，而沒人想自我閉嘴。

正確的認知開始於「我存在」，也結束於此。宇宙主導論這一普世宗教是錯誤的認知，而沒有一項錯誤知識比其他任何錯誤知識更好。科學和宗教是錯誤認知的兩個主要宗派，兩者處於和平的對立狀態，有時懷疑論者和信徒之間會產生小規模衝突；兩個宗派各代表一極，抱持不可知論的大部分人則位於冷淡的中間地帶，維持著一種不穩定的平衡。

哲學本來應該君臨科學和宗教之上，現在卻屈居失敗者，因爲它迴避了極端懷疑論。其實，無論怎樣懷疑都不算極端，想要找出不會被燒毀的事物只有一個方法，就是把所有東西都放火燒了。不過，如果你**確實**把一切事物都燒了，就不會再待在宇宙主導論裡了，因爲那裡面的每一樣東西都會被燒毀——每一樣東西，除了你的眞實本質。

趁著還在談論這個話題，我們再花些時間聽聽史蒂芬·霍金說了什麼。光從《大設計》的第一句話，我們就能獲得寶貴的見解：

> 我們每個人都只能存在一段很短的時間，在那段時間裡，我們只能探索整個宇宙的一小部分。

對大多數人來說，這句話似乎很合理，但是，任何一個認眞探索的人都會將之視爲不可原諒的過錯，因爲它與誠實的探究背道而馳。要是回到我想要自己把事情弄清楚的那個時期，讀到這本書的第一個逗號，我就會把它扔到廢紙堆裡，順便把作者也扔進去。

霍金是我們最尊敬的科學人，在這本書裡，他聲稱哲學已死，而科學正在領導人類對知識的探求。如果科學不是全人類的火炬手，他這麼說也許沒問題，但情況正好相反，至少，很多人相信事情的確如此。現在，讓我們看看霍金本人怎麼說——他書裡的第一句話就把毫無根據的信念當作明確的事實來呈現，簡直毫無價值。我們最尊敬的科學人士沉浸在自己的信念中，以至於無法認清它們只是信念而已。只消半個句子，我們就扯下了盲眼火炬手的面具。另外，假如你在計分，讓我告訴你剛剛發生了什麼：還沒死透的哲學把傲慢的科學趕到森林裡去，自己回來了。基於共識的流行哲學也許好不到哪裡去，只要被人呼喝一聲，還是會倒地裝死，但極端的懷疑論——又叫作「誠實的探究」——毫不留情，它對虛假沒有一點憐憫之心。

一如既往，我的建議是：你他媽的最好做自己的老師。

卡爾走出來，發現我和瑪雅在草坪上打鬧。

「你在做什麼？」他問道。

「我剛剛解決了愛因斯坦定域性和量子糾纏之間的矛盾，現在正在教訓這個毛小孩，讓她搞清楚誰才是她老爸。」

「你還眞忙。」

定域性原則指出，如果某件事發生在某物身上，唯一的原因是該物旁邊的另一事物導致事件發生，就像骨牌效應。量子糾纏的意思則是，事物可以遠距離影響其他事物，就像有時候，第一張骨牌可以碰倒最後一張骨牌，中間卻沒有其他骨牌傳遞這個影響力。所以，哪個理論是對的？

如果一開始的假設錯了，之後的結論不可能是正確的。在意識中，沒有定域性或非定域性這種東西，事物之間不存在時間和空間的分隔。你會問，我怎麼可能昨天晚上出現在世界大戰後的柏林？對你來說是不可能，但我昨天就在當時的柏林。好吧，其實我昨天不在柏林，但那感覺是眞實的。

瑪雅掙脫了我的鉗制，回頭警惕地盯著我。她的毛豎立起來，準備隨時對我的動作做出反應。一瞬間，我們同時撲向對方。

下一局輪到她了。

我們期望物理學家提供一個解釋一切的理論，也許是因爲他們一直嚷嚷著這件事，但他們談論的其實不是解釋一切的理論，只是解釋宇宙的理論，而宇宙遠遠算不上「一切」——不僅如此，它**什麼都不是**。

加來道雄說：

原子是構成我們所見的一切的基本要素，所以，如果了解原子，你就了解了宇宙。

這句話就像在說，如果我們了解組成一棟房子的磚塊，就會了解住在這棟房子裡的一家人。光從這句話，我們就能看出科學有多不足。我們爲染色體製作圖譜，研究神經網路和遙遠的外太空，因爲比起思考「爲什麼我的狗能察覺我在盯著她」，這些問題比較不讓人害怕。然而，和原子或上帝粒子相比，我的狗爲何知道我在盯著她的答案**更加接近**構成萬事萬物的基本要素。

科學家非常重視實驗結果的可重複性，將其視爲確認實驗有效的標準，以至於有時錯把不可重複性當作無效。可重複性也許可以證實事物有效，但不可重複性不代表無效。正如時常出現的例子暗示的那樣，一件事就算尚未被科學證明，也不能斷言它已經被證僞了。

我生活其中的現實是由超越個人的動態交互作用所塑造，這種交互作用無法在受控條件下被檢驗或重複，但這並不代表它不眞實。對我來說，我與現實之間有意識的互動絕不僅僅是偶然出現的機緣巧合，它是我行走這個世界的唯一嚮導。它恆久不變，從不出錯，對我而言再眞實也不過。這是我在世上運作的方式——我如何接受與拒絕、如何要求與允許、如何看見與知曉。我與現實就是這樣連結的。我認識一些人，他們的現實中也存在相同的交互作用，而談到事物「眞正的運作方式」時，我們完全理解對方。然而，儘管這種運作方式對我們來說很正常，按照正常的標準，它一點也不正常。我的經驗證明了（當然，這樣的證明只對我個人有效），意識和現實的確交織在一起，而任何表明情況並非如此的人（無論是積極地作爲或消極地不作爲），都不值得花太多注意力在他們身上。我認爲，大多數人都對各種非尋常現象有足夠的直接體驗，所以應該很清楚：任何排斥這種現象的團體或意識型態都應該被拒之門外。

當那些持懷疑態度的無神論者和科學家在書籍、演講和辯論中批評一神論的宗教時，他們就像在毆打一個戴著小丑皇冠的宮廷弄臣，以爲把宗教的皇冠扯下來，就能推翻那個超越物質世界的王國。然而，他們的爭論根本無法影響任何立足於融合的、共同創造狀態的人，這樣的狀態是位於宗教馬戲團之下的眞正現實。

我跟一個不怎麼關心科學的人一樣喜歡科學，但問題是，科學不代表我們的利益——不代表我的，可能也不代表你的。它本來可以做到這一點，卻沒有。

我們可以找到堆積成山的主觀報告，記述著你能想像到的所有超自然與非尋常現象，其中很多都有相當完備的證據。除此之外，有許多內在世界的探索者，例如靈媒、神祕主義者、薩滿等等，他們提供了十分可靠的內在世界報告，將其描述爲比我們正常醒著時的現實還要眞實。另外，還有吸引人們去探索卻無功而返的無數謎題，它們神祕而複雜的結構遠遠超出我們現今的理解與重現能力。然後，還有那些很酷的、偉大的、有趣的、未知的東西，它們是這個人類經驗的精髓所在。你眞的在意那些遙遠星系的漂亮圖片嗎？對你來說，希格斯玻色子、第十一維度或超弦到底有什麼價値？除了在IMAX電影院裡愉快而難忘的一小時，那些太空探索節目給了你什麼？

然後，還有死亡。這世上很可能存在著超越肉眼所見的更廣闊領域，不是嗎？（提示：如果意識存在而時間不存在呢？）難道這個領域不値得科學界花些注意力認眞研究嗎？不再用藥丸、解剖刀和放射線把它推得更遠，不再利用我們對它的恐懼牟利，而是帶著敬意探討這個課題，好眞正把事情弄明白。人們期待他們的火炬手在這個領域裡揮灑汗水，而不是成爲企業影響力的跟班。

只要科學肯承認「沒有所謂的客觀現實」這個顯而易見的事實，就能摧毀自己築起的高牆，參與遊戲。科學啊，這是麥田圈，祝你和它玩得開心。如果你能想出比「歡樂搞怪族」[2]更好的解釋，別忘了告訴我們。等你把這個問題解決了，我們還有大概八百個非常眞實的問題，你也許可以回答。擺脫太空站、推倒對撞機吧，讓我們去解決眞正的奧祕——不是那些排斥意識，而是從意識出發的奧祕，只有它們才有可能眞正幫助我們理解事物、讓人們的生命變得更美好，或是促進對話。

眞正的重點不在於科學應該或可以停止不務正業，認眞起來，而是任何一個想要認眞弄清楚自身狀況的人，都應該把科學踢出諮詢清單之外。無論我們多信任科學，讓它代表我們的利益，現在都必須收回這份信任，才能繼續向前走。

有一件很有趣的事隨著意識主導論模型而來：事物的地位反轉了。現在，那些有趣的、怪異的玩意兒從瘋狂的邊緣轉移到中心位置，科學、哲學和宗教則回到它們應該在的地方：人類興趣的模糊邊緣。科學從嚴肅而受人尊敬，變成陳腐而無用，那些古怪的超自然玩意兒成了主流興趣。我們有霍金這樣的人宣稱科學是人類的火炬手，在人類族群的層次上，那樣說也許沒錯，但如果稍微遠離核心族群，你就會發現眞正的火炬手正在邊緣和邊緣之外，做著眞正重要的工作，其中包括數量出人意料的開明科學家。

科學家是我們之中最偉大的心智嗎？也許吧，但這種說法沒什麼實際意義。卓越的智力和有效的思考極少同步。事實上，科學家非但**不是**最好的思考者，經過多年高度專業化的教育和訓練，他們很有可能是現代世界焦點最狹隘、被灌輸教條最嚴重的一群人。科學家的思考必須高度專一，但這也讓他們自動失去處理那些關於存在的最廣大問題的能力。如同物理學家理查·費曼所言，一個研究非科學問題的科學家就像普通人一樣蠢。

任何科學主張都應該附上一份免責聲明作爲前言，那樣做看上去挺科學的。以下這份標準免責聲明應該就足夠了：

警告：

此處包含的科學發現是基於不加批判地接受共識現實為真正的現實，因此，請將這些發現與神話、民間傳說、迷信和宗教等同視之。

然而，儘管這樣自我揭露很誠實，科學卻支付不起承認它的運作假設的代價。這些假設是支撐科學的基礎，沒人願意砍斷自己正坐著的那根樹枝。

我想，任何一個科學家都會把我的說法斥爲可笑，但他們之中沒有一個能用科學方法駁斥我。他們無法證僞意識主導論，也無法證明任何事，這讓科學成爲所有基本教義派宗教裡最激進的一個。我們必須不留餘力地直接理解這一點，因爲科學**正是**引領人類知識的火炬手，在這個怪異的世界上，大多數人都在他們的教堂裡屈膝跪拜。

我的本意並不是要發表反科學的論爭，而是鼓勵讀者重新審視我們對科學的過度尊崇。如果你認爲，這些「我在／意識」和意識主導論的東西只是非主流的胡思亂想，而談到正事，責任還是落在那些把玄妙的公式寫滿黑板、在老鼠腦子裡接電線的人身上，那麼，他們就是你的佛陀，就是你需要殺死的人。（我只是打個比方！別讓我變成……哎呀，隨便你吧。）

嚴肅的思考具有腐蝕性，會腐蝕我們用來隔離自己的層層謊言，包括我們的自我，而大部分人，就算是絕頂聰明的人，都會極力避免讓自己長時間、重複浸泡在強酸裡。誠實的思想一定有毀滅性，並且最終會導向解除對非眞相的了悟及意識主導論。無論如何，這些東西——眞相、人類成人或意識主導論——都不需要超級聰明才能達到，只需要嚴肅的思考和意願。

我們深入意識主導論這片未被探索的水域中，每個人都只爲了自己，也只能依靠自己。我的工作不是要說服任何人相信任何事，這已經遠遠超越了那種程度的思考。我可以把它高高舉起，但你要自己過來拿才行。在處理這件事時，你必須排除雜念，一心只想獲得你自己對個人現實的理解。是的，很難相信科學家連在自己訂立規則的小世界裡玩遊戲都做不到，但他們的確做不到，這是個科學事實。

① 「啓蒙」的英文是Enlightenment，與「開悟」是同一個字。

② Merry Planksters，一個由嬉皮組成的鬆散社會組織，也是美國嬉皮青年的自稱。有理論認為，麥田圈是他們的作品。

17 宗教：那隻神奇的烏龜

一個謬誤不會因為成倍的宣傳而成為真相，真相也不會因為沒人看到就變成謬誤。

——聖雄甘地

在我見山又是山的兔子洞裡，有一件讓我最難以相信的事，就是信念。如果和一個基督徒、穆斯林或尤太教徒共乘電梯，我覺得我會變成某種靈性解充血劑，在三十秒內把糊在他心靈上的黏液去除，恢復他自由思考的能力。當然，這不會是眞的，但它說明了宗教信仰對我來說多麼單薄而沒有說服力。我無法妥協，無法相信居然有人眞的相信那種事。

我確信，如果可以讓最虔誠的信徒離開那個會助長信念的環境一個月，遠離所有外在的形式、裝飾品、宗教節目和儀式，遠離與他互相依賴的同修及強化這種依賴的導師，遠離一切觸動他的機制和支援系統，遠離種種用來強化那些本身沒有力量的幻想的小伎倆，再加上與我在電梯裡共度三十秒，以及一些誠實自省的時刻，這個虔誠的信徒就可以回到沒有被他的宗教殘害的世界，而這會是他眞正邁向人類成人的一步。

當然，以上全是胡扯，但這就是與眞相站在同一邊的古怪之處：你開始認爲眞相有某種價值。眞相當然沒有價值，但因爲它比任何人編造得出來的任何東西都要好，你會錯以爲如果把眞相釋放進這個沉睡的世界，它能夠產生某種影響，好比你可以撬開人們的眼睛，他們就不得不去看。即使在我寫下這句話的時候，我都曉得這不是眞的，但我不知道爲什麼。

那就是我最初的了悟對我產生的影響。它撬開了我的眼睛，讓我看見一個簡單明瞭的事實：這個永恆幻相的泥沼不可能是一切。一定還有別的地方，在那裡，有某樣事物是說得通的。那個地方就是眞相，而「眞相存在」這個簡單到荒謬的了悟讓我抓起一把十五公分長的刀子，從我那艘快要解體的小船跳進翻攪著鮮血和泡沫的海洋，孤注一擲地去斬殺一頭巨大而殺不死的怪獸。這就是爲什麼我會錯誤地相信，同樣的了悟會對任何有健全心智和堅定心靈的人產生同樣的衝擊。你無法在泥沼中找到眞相，但這不代表沒有眞相。然而，在你被「眞相存在」的了悟完全席捲之前，你必須了解，你並未擁有眞相，而且它離你還很遠，這就是信念阻止我們看見的那個讓人興奮的了悟。

一神論宗教無法靠自己存活下去，所以他們運用了一種經過時間檢驗的策略：完全拋棄常識，而且過度瘋狂到任何理智的標準都拿他們沒辦法。這種方法對他們有效，但並不是他們發明或創造出來的。在迷霧籠罩、雙眼緊閉、以恐懼爲基礎的夢境狀態中，拋棄常識是生命的一個面向，而遊樂場裡這個部分的土壤十分肥沃，你種下的任何故事幾乎都能長成一個適合居住的幻想。如果你獨自生活在這樣一個幻想中，你會被視爲神經病；如果你和一小群人共同生活在那裡，你就是被邪教洗腦了；而假如你身邊有一大群人同樣生活在這個幻想中，你就成了受人尊敬的虔信者。

關於一神論宗教，我只能泛泛而談，因爲每次我俯身下去仔細研究，都會迷失在那堆爛泥中，然後不得不抽身出來。換一個不那麼隱喻的說法，在宇宙主導論中，我只了解一件事：宇宙主導論中的一切都無法被理解。在這片漫無止境的泥沼中，清晰明瞭不可能存在，除了更多的泥沼，其他的一切都不可能存在。這就是爲什麼科學家、學者和哲學家可以不斷地在裡面又挖又鑽又篩的，卻一直無法到達盡頭。你可以說這片泥沼的居民把眼睛閉上了，或者他們被迷霧遮住了雙眼，不過結果是一樣的：沒人看得見任何東西，包括這個事實本身。

在這片泥沼中，永遠沒有任何事物說得通。所以，我們在本書中不和泥巴糾纏——在信念的層次和信念交手，沒有任何意義。我們也不需要一方面借用信念的有效性，另一方面又證明它們無效。比如說，我們不必引用量子理論的元素來支持意識主導論，好讓意識主導論推翻量子理論。

信念系統大致分爲四個類別：哲學、科學、靈性和宗教。宗教是其中最強大的一個，因爲它主要訴諸情緒。然而，它也是最不可靠的，而且需要最多外在材料來強化。很容易理解爲什麼有人會相信光存在，或者柏拉圖是個穿長袍的搖滾巨星，或者靜心沉思某個禪宗課題會帶領人到某個地方，這些信念系統都可以自圓其說，但一神論宗教在智性上的貧乏，讓它們只能藉由人爲手段讓自己屹立不搖。這個手段就是情緒，而這種情緒就是恐懼。

當然，歸根結柢地說，哲學、科學和靈性沒有比宗教好到哪裡去。沒有「光」這種東西，柏拉圖彈的是空氣吉他[1]，靜心也沒法帶你到任何地方，因爲沒有任何地方可去。科學家也許覺得他們是頭腦最清楚、最不容易被騙的，因爲事實站在他們這一邊，但他們的事實全寫在一隻巨大的烏龜背上，旁邊還寫著聖靈感孕[2]，以及「七十二處女」殉教鼓勵計畫[3]等其他「事實」。

嗯，好吧，但這些和解釋一切的理論有什麼關係？

關係在於：一神論世界觀的特徵是「有一個全能的神」，而這種說法非常接近「這個全能的神就是解釋一切的理論」——第一推動者，無因之因，支撐一切、本身卻沒有支撐物的神奇烏龜。是的，這說不通，但它根本不需要說得通，這就是神奇的部分。宗教無須自食其力，因爲有數百萬嗷嗷待哺的信徒用情緒支撐著它。

這**並不是**說，宗教那裡什麼都沒有。如果，就像之前說的，所有的宗教都包含一個核心眞相，那麼，支撐宗教體驗的現實與支撐一切的現實一定是同一個——照亮一切的智慧、能量、流動和阻礙、共同創造、我們與那絕對且永無謬誤的存在的直接連結。我們願意臣服並將自我削弱到什麼程度，就能被這個照亮一切的智慧引領、教導與滋養到什麼程度。在聖書中，可以看到這種臣服：「不要成就我的意思，只要成就你的意思」「梵天爲戰車的駕馭者」「阿拉的旨意」。這是存在的根本現實，無論在上面堆積了多少自我，任何人應該都能夠看到它。每個人都可以看到模式展開、願望顯化、祈禱被回應，關鍵在於看見到底什麼是存在的，如此而已。只要關注存在的就夠了，我們不需要利用它爲基礎，建造蹩腳的信念系統。

這就是泥沼裡的人不知道的事。他們不知道眞相存在，不知道他們不需要編造一個出來。

---

①空手做出彈吉他的動作。

②基督教認為聖母馬利亞未經交合便懷上了聖子，此即為「聖靈感孕說」。

③在伊斯蘭教義中，教徒成為烈士後可以上天堂，天堂中有為烈士準備的七十二名處女，某些激進組織便利用這種說法鼓勵自殺式攻擊。

18 西方哲學

當你沒有站起來生活時，坐下來寫作是多麼徒勞無功啊。

——梭羅

光是站在那裡盯著水面，你是沒法穿越海洋的。

——泰戈爾

意識主導論是超級前衛的哲學，但從理論的角度來說，它不是什麼新鮮的東西。我稱作「意識主導論」的範式，在西方哲學中也許被叫作「一元唯心論」或「主觀非物質論」之類的。如果必須給意識主導論模型一個適當的哲學頭銜，也許會是「唯心主義反物質一元論」——IAM①。一元論（Monism）的意思是只存在單一實體，唯心主義（Idealistic）則指這個單一實體就是思想，而反物質（Antimaterialistic）意味著，我們需要一個A開頭的單字來打造這個巧妙的縮寫詞（好吧，它的意思是物質宇宙不存在）。「唯心主義反物質一元論」這種繞口的說法應該會讓你欣賞「意識主導論」的簡潔。

審視西方哲學時，我們只會看到一群坐在扶手椅上的學者，引導他們的不是眞相，而是名望和事業。這些人沒有什麼可貢獻的，所以他們能做的只是挑剔彼此的漏洞，同時否認自己的工作毫無意義。眞正活生生的哲學是一段最極端的旅程：個人的煉獄，漫長且極爲痛苦的衝突。在這段旅程中踏出一步，就意味著把成功和自我形象這類微不足道的顧慮永遠拋下。所以，沒錯，哲學家都不是參與者，而是空想家。他們穿得像場上的球員一樣，高談闊論比賽的情況，卻永遠不上場。

我認爲我在思考，但我眞的在思考嗎？我以爲如此，但我不**知道**是否如此，而當我漸漸接受「我**沒有**在思考」的可能性，它開始顯得相當有可能，甚至非常確定。我只是感知到我在思考嗎？我的感知，以及我對感知的解讀，有沒有可信的基礎？當然沒有。

印成文字之後，這一切看起來都太令人困惑了，彷彿沒有人可以眞的這樣生活，但我就是，而且一點都不困惑。關於宇宙主導論，我看到和記得的是：一切都說不通、都很令人困惑。在意識主導論中則正好相反——沒有任何事物令人困惑，一切都說得通，沒有惱人的謎題、悖論或無法思考的事，沒有什麼是違背理性或常識的，也不需要任何信念。我不必思考意識主導論的觀點，因爲它只是未被錯誤汙染的「如是」（is-ness）而已。沒有矛盾，沒有困惑的點，沒有陰暗而可怕的角落。沒有了虛假的信念和對先入之見的執著，一切都豁然開朗、都流動起來，且不斷顯現。

我每年大概只花三十秒在思考這些有關眞相和感知的事。我的範式對我來說不是問題，就像你的範式對你而言也不是問題。最近發生的事讓我坐下來，試圖用二維的符號表達我的世界觀，這就是我正在做的事，但我幾乎無法在這些平面文字中辨認出我所生活的現實。我的現實聽起來極度複雜、離奇，但當我回到對它的直接體驗中，一切又變得簡單明瞭。

唯我論，聲稱只有自我是可以確定的存在的理論，有時被稱爲西方哲學不可碰觸的禁區，如果膽敢碰它，你的名望和事業就完了。這種現象一點也不奇怪，因爲唯我論是哲學理論的殺手。哲學家不可能承認唯我論這個簡單明瞭的眞相，因爲唯我論揭露了哲學永遠只是沒有理由相信其可能性的猜測。就算僅是與唯我論遙相呼應，都會讓一個哲學家的事業和名望永遠染上汙點。當然，這不代表唯我論本身有什麼問題，而是反映出西方哲學的問題：西方哲學無法冒險進入眞相的領域，就像陰影無法走進光裡。哲學存在奧祕與陰影織就的那個半明半暗的區域，在眞相之光的照耀下，它將不復存在，因爲在眞相裡，一切都清楚而簡單，不再有什麼可以哲學化的奧祕。

正如約翰和克蕾兒指出的那樣，在所有哲學問題中，最基本的一個就是：爲什麼存在某樣東西，而不是空無一物？爲什麼會有萬物？一如既往，我們不妨先質疑問題本身。我們怎麼知道有某樣東西存在？這個我們知道它存在的東西是什麼？當然，這只會讓你繞回意識，並無可避免地導向意識主導論。這個問題有一個隱含的假設：空無，或非存在，是原始狀態，或者至少有可能是原始狀態。宇宙論者聲稱大爆炸之前是空無，以此來支持這一觀點。在那空無中，時間、空間、物理定律都不存在。這個大爆炸之前的空無就像梵意識，大爆炸之後的事物則與阿特曼意識相仿——開玩笑的，關於大爆炸的一切當然都沒有道理，它只不過是用來說明第一推動者的權宜之計，就像印度教徒聲稱有一隻烏龜支撐著一切，而那隻烏龜本身卻不需要被支撐，或是一神論者主張神就是那個無因之因。沒有一個基礎，什麼都建立不了，所以我們必須爲那些令人厭煩的無窮回歸畫上句點，即使必須利用雙重思想。

所以，爲什麼存在某樣東西，而不是空無一物？在意識主導論中，這個問題不攻自破。你可以說這是個無效的問題，因爲實際上只有空無，不存在某樣東西，或者，至少「存在某樣東西，而不是空無一物」這個假設是沒有根據的。不然，你可以簡單地說意識存在——關於意識，這是你唯一能說的。如果把時間看作意識的子集合，而不是相反，就不會再有「『如是』之外的其他可能性」這種問題。沒有之前，也沒有之後；沒有開始，也沒有結束；沒有彼時，也沒有此時——只有那個無限的「如是」。

針對「爲什麼存在某樣東西，而不是空無一物？」這個問題，有個比聽起來好的答案：爲什麼不？它聽上去像是一種逃避，但既然問題的正確說法是「爲什麼會有意識？」，那「爲什麼不？」似乎不比任何答案差。把球扔回給拋出它的人，讓提問者回答問題，這能有什麼傷害，不是嗎？

另外一個常見的問題是：我們爲什麼有意識？這個問題就像在問爲什麼水是濕的。潮濕是水之所是，它們是不可分割的。意識是我之所是——是本質，而不是屬性。問「**為什麼**我有意識」，相當於假設自我和意識之間有區別，兩者有可能獨立存在，這就像是假設可能有脫水的水。（那不就和寵物石一樣了！[2]）

意識**存在**，而意識之外的東西**不存在**，正如同眞相存在，非眞相則不。有意識並非某個更大的、獨立的我的一個面向，而是我之所是，沒有比這個更大的東西了。不是「我是有意識的」，我就是意識。我在／意識。

在爲本書做功課時，我閱讀（瀏覽）了科學界和宗教界一些著名思想家寫的書，也觀看（跳著看）了這兩個社群的代表人物進行的一些演講、座談會及辯論。那些發言的人都是備受尊敬的教育家和作家，但他們的辯論就像你會在酒吧裡聽到的那種信徒與非信徒之間的爭論，前者並不比後者有見地。這個話題本來就沒什麼可談的，所以那些名門大家的論點並不比普通人的看法更好。信徒相信他們的信仰，科學家相信科學，這兩個巨人之間的衝撞卻像是軟綿綿的枕頭戰。在這些數量驚人的對話和辯論中，哲學家因爲缺席而引人注意，讓科學和宗教因爲沒有人過分要求理性，而得以互相挑剔。

形容這種情況時，我會用「讓人傷心」這個詞（「使人忍不住感到悲傷」聽起來太蠢了）——在這些情況中，太多的潛在可能性被忽略了。尤其令人遺憾的是，信念這一派往往背負著「基督教」和「聖經」這兩個沉重的名字，彷彿基督教是軟弱的下腹部，科學則是鋒利的解剖刀。然而，這個下腹部是巨人的下腹部，解剖刀相較之下顯得很小，因此在科學和宗教的鬥爭中，雙方都只是消耗了些體力，並未眞正受傷。如果能看到科學和邏輯的對決，會有意思得多，因爲邏輯會逼迫科學說出它的假設，揭露它只是個沒有根據的信念系統，與基本教義派最爲相近。不過，我們沒有機會看到這場較量，因爲科學和邏輯根本不在同一個量級。笨重而行動遲緩的基督教已經是科學和無神論能夠對付的最強大對手了。

我探究各家之言的初衷，是想要看看有沒有人反對我的觀點。我並非特別在意是否眞的有人反對我，但我的確有點擔心，因爲我無法確定自己是不是瘋了。我想，我主要是在尋找有趣的洞見、有力的論點、實力相近的敵人或盟友、意料不到的坦誠、陳腔濫調之外的一點新意——但是，哎呀，不好玩。科學會承認它在某些假設之下運作，但不可能比這更誠實了。這才是使人忍不住感到悲傷的部分：西方世界最高層次的對話永久地卡在地下室裡。

唉，我說這麼多，不是因爲我想說，是爲了讓你去看。我們認爲自己全然有意識，認爲自己是清醒的，認爲自己在思考，但這些想法都不是基於思考，而是基於不思考。我們從不去看，因爲我們從不懷疑，而我們之所以從不懷疑，是因爲接受了事物的表象，順著共識的潮流而行。

我會建議你考慮重新思考你對人類的看法。我知道從內部看上去的人類社會是什麼樣子，我們似乎安排了最聰明的人去處理最重大的問題——科學家正在弄清楚上帝粒子及解釋一切的理論，哲學家正努力解開那些偉大的奧祕，魔法般神奇的宗教則提供了魔法般神奇的答案。整體的圖景是這樣的：我們聰慧且有能力，我們有最厲害的人致力於解決那些超大奧祕。這不過是我們逃避問題的方法——把責任推給外在組織，由他們代爲處理。但是，如果眞的想要取得進展，我們就必須自己把擔子全部扛下來。所以，爲了你自己好，首先要了解：外面沒有人在替你搞清楚這些東西，你是唯一能代表你個人利益的人。你只能親力親爲，否則就一事無成。你他媽的最好做自己的老師。

① IAM是Idealistic Antimaterialistic Monism的縮寫，譯為「唯心主義反物質一元論」，且與「我在」的英文「I Am」寫法類似。

② 寵物石是一種概念商品，即把石頭當作寵物來養。石頭是完美的寵物，因為它不需要食物、飲水，也不會生病、死亡。此處的寵物石則借指「本質上不是寵物而被強行稱作寵物」的東西。

19 東方哲學

唯一的真相就是「我在」——我存在。這是唯一的真相，其餘的只是概念。

——拉姆西．巴西卡

長青哲學最簡明的闡述，可以在「梵我同一」（汝即彼）這個公式中找到：阿特曼，那個內在的永恆自我，與梵，一切存在的絕對準則，是一體的。而每個人類的最終目標，就是發現關於他自身的事實，找出他自己的真實面貌。

——赫胥黎

我們可以在東方哲學中找到的最有價值概念，是梵、瑪雅和阿特曼。還有別的，但你最好別太貪心，免得變成一隻因爲不願意放下香蕉，而無法把手從罐子裡拔出來的猴子。只有眞正的笨蛋才會在溺水時依然把金子塞在口袋裡。

我們用在本書中的東方哲學裡，最著名的概念就是「梵即一切」，而梵是沒有屬性的，因此和我們定義爲沒有屬性的任何名詞，比如眞相或意識，正好是同義詞。聲稱「梵即一切」不過是把用詞從「意識」換成「梵」。我們在這裡管那東西叫「意識」，因爲我直接經驗到意識，這個叫作「梵」的傢伙，我完全不認識。

吠檀多不二論是東方思想的頂點（因此，也是世界思想的頂點），但不二論在我看來有點像佛教和禪宗，一旦步入其中，那些誘惑我進去的事物就變成了其他東西。從外面看，它沒什麼問題，但隨著你深入其中，你會發現自己又回到了幻相女神瑪雅的鏡子屋。我很清楚地感覺到，很多不二論及非二元性的追隨者和支持者完全誤解了這是什麼，以及這不是什麼。

梵即阿特曼，阿特曼即梵。就是這樣。眞相沒有教誨、不需要上師，也不是一種靈性追求。這句話値得重複地說：眞相不是一種靈性追求。如果想要遵循某種教誨，那麼你也許需要一位上師，但爲了展開旅程，我們必須斬斷一切，包括上師和教誨。我們可以坐在一起，但只能孤身上路。如果你覺得自己在不二論或其他任何教誨中看到了更多東西，低頭看看吧：你的腳踝已經被藤蔓牢牢纏住了。

記住：沒有什麼東西是需要知道的。殺了你的上師吧，裝滿靈性知識的腦袋，或是擺滿靈性書籍的牆，只會成爲綁住你的枷鎖。向前邁進需要的是放下，而不是獲得。只有摧毀知識的知識才能幫助你前進。不要尋求外在的肯定，做自己的上師。學生不會眞的踏上旅程，而旅者不會坐在教室裡。這個小提醒值得再三強調，因爲我們在靈性上有強烈的惰性，這就是爲什麼大多數在靈性上富有知識、受人尊敬且專心致志的人自己並沒有覺醒。

如果想要理解瑪雅，如果想要弄清楚夢境狀態是怎麼回事，如果想要調和那無法調和的，你等於是把自己的一生寄託在盲目的遊蕩上——就像你之前數不清的人做過的那樣。你可以每星期都相信一個不一樣的新東西，或者一輩子只相信一件事，但你永遠找不到一點眞實知識的痕跡。話說回來，會有很多人陪著你——如果他人的陪伴有任何價值的話。

我想稍微離題一下。有時候，我覺得我所傳達的訊息更適合放在三部曲中，而不是放在這本描述解釋一切的理論的書裡。這也許是因爲我個人不是很買理論的帳。概念層次上的理解對我來說，就像夢中的夢，但我不知道爲什麼有人不想醒過來，而在做別的事。

好吧，其實我知道，但一如既往，我覺得與其說我在和讀者交流，不如說我是在與讀者內在那個小混蛋交流——它在尖叫，嘴巴卻被堵住了；它是靈性上的無政府主義分子，想要發起一場政變，投擲燃燒彈，把夢境狀態炸個稀巴爛。那個小混蛋就活在你之內，而且巴不得你趕快去死。我把它看作正面角色，一個困獸猶鬥的失敗者，也許有一天，它會讓你抓起那把十五公分長的刀，跳下你的小船，展開超越自我的旅程。

然而，再離題一點，我要重複我在三部曲中說過的話：人類成人才是大家都需要的眞正獎賞，那是靈性追尋者眞正想要的，而不是眞相或開悟；那才是每個人都應該不計代價追求的東西。我可沒有在扯淡。

在這裡，我們以對「梵」的一項描述爲例，把「梵」這個詞換成「意識」：

意識就是「太一」（the One），完整且唯一的現實。除了意識之外，其他的一切，包括宇宙、有形物體和個人，都是虛假的。

對意識的最佳描述是：無限的、無所不在的、無所不能的、沒有實體的、非個人的、超然的現實，是所有存在的神聖根基。

意識經常被描述為「不是這個，也不是這個」（非二元），因為它無法被正確地描述為這個東西或那個東西。事實上，意識永遠無法作為經驗的對象被了解，因為它就是去經驗一切的主體。

意識是這個和那個的源頭，是力量、物質和一切存在的起源，是尚未定義的，是一切的基礎，是尚未誕生的，是根本的真相，是不變的、永恆的、絕對的。

既然意識本身就是現實的基礎，又怎麼能被恰如其分地描述為物質世界的某樣東西？

意識是物質世界的基底，反過來說，物質世界是意識的虛幻變形。意識並非世界之果，而是世界之因。意識可以說是最純粹的知識本身，如同一個無窮的光源般散發光芒。

只有在無知中，意識才會如同物質世界及其中的物體一樣為人所見。

意識沒有屬性和形體，它是自存的、絕對的、不朽的。

我們可以從東方哲學借用的另一個重要概念，是「瑪雅」——瑪雅讓我們看見不存在的，卻看不見存在的。沒有瑪雅，就不會有宇宙主導論，不會有遊樂場，不會有你和我。在這裡，我們再次把「梵」這個詞替換成「意識」：

瑪雅是意識的一股複雜力量，旨在創造幻相，讓意識以物質世界的分離形式為人所見。

瑪雅有兩個主要功能，其中之一是把意識「藏」起來，讓尋常的人類感知無法察覺到它的存在；另一個則是把物質世界呈現為它現在的樣子。

瑪雅可以說是無法描述的，但或許也可以說，由於感官知覺之下的基本現實完全隱藏起來了，所有經由五種感官進入覺察的感官資訊，都是瑪雅。

另外，瑪雅既不是完全真實，又不是完全非真實，因此無法被描述。瑪雅居住在意識中，但意識本身不受瑪雅影響，正如魔術師不會被自己的伎倆所騙。

瑪雅是暫時的存在，一旦獲得「真實的知識」，或是感知到更基本的現實，也就是充滿於瑪雅之中的意識，它就被超越了。

幾十年前，當我還對各種無關緊要的事情抱持毫無意義的看法時，我認爲關於印度的一切有趣事物都來自索瑪[1]，一種可能是迷幻蘑菇的神祕藥物；而現在，沒有了他們那些使用神聖藥劑的前輩，印度只不過是一個屬於絕跡人種的幽靈之國——那些人曾經是有史以來最酷的嬉皮。索瑪讓印度教變得合理，而且《吠陀經》也熱烈讚揚索瑪，因此，我們似乎可以將兩者連結起來。此外，當我們審視當今的印度教，會發現它缺少了直接把它的追隨者連結在一起的那個充滿生氣的神聖事物，只能提供一些二手或三手、死氣沉沉的「知識」。又一個死去的宗教，但這一個至少曾經活過，在勇敢意識的編年史上留下一筆。

除了不二論之外，數學家及神祕學家佛蘭克林．梅里爾─沃夫的畢生創作也值得一提，希望同樣能讓讀者免於「靈性空轉」。梅里爾─沃夫把我們所謂的梵意識稱作「沒有客體的意識」，或者「大空間」。他針對沒有客體的意識提出了五十六條格言，我們可以把第一條和第五十六條拿出來看，省略第二到第五十五條。

一、沒有客體的意識是存在的。

五十六、除了大空間之外，其他的都不存在。

眞相存在，非眞相不存在。唯有眞相。

① 《吠陀經》中提到的致幻藥物，有一說法認為是從蘑菇中提取的。

20 哲學意義上的殭屍

媽媽老是對我說，
兒子啊，千萬不能相信殭屍的話。
哦，可是，媽媽你也是個殭屍，
不能相信你，我又可以相信誰？
媽媽是個殭屍，我該怎麼辦？

我知道「我在／意識」，可我不知道「你在／意識」。除了感知到你以外，我對你一無所知。從這個意義上講，你只是我意識環境中的另一項元素，和一個想法、一段記憶或一場夢一樣眞實，或一樣不眞實。我待你也許好像我相信你擁有「我在／意識」，但我其實不知道。在這個兔子洞裡，我活下去的辦法就是隨波逐流。我已經學到，如果不去踢大石頭，我就不會承受因此帶來的痛苦。入鄉隨俗，就是這樣。暫且假設你**的確**擁有「我在／意識」，那麼我之於你就如同你之於我：一份感知，從外表看是人的樣子，一個哲學意義上的殭屍。

只有你知道你是否存在，但你無從知道其他人存不存在。在哲學中，這被稱作「他心問題」，而哲學意義上的殭屍是個有效的工具，讓我們了解，我們不能假設感知到的實體——也就是其他所有人——都擁有「我在／意識」。他們也許只是在我夢境狀態的舞台上扮演某些角色的無知覺演員——是在**我**夢中的舞台。就算我們感覺到群體和連結，其他人的存在也只是一個沒有理由相信其可能性的信念。

我再說一遍——這一點說幾遍都不嫌多——沒有什麼神祕學家或神明或位高權重的知情人士，能夠知道「我存在」之外的更多事。無論你如何推斷這個宇宙，無論你相信什麼，沒有人可以知道得比你更多。宇宙裡沒有比你更高的權威，如果你知道你存在，你就已經達到知識的頂點了。幹得好！我確信你的父母會以你爲傲——如果他們眞的存在。

對我來說，支持其他人——其他「我在／意識」——存在的主要論據，來自那個我允許自己假裝看不見的無限智慧，因爲它強烈暗示。既然整個表象世界都是我的推測，而且那其實不重要，那麼，如果我假裝那個無限智慧是眞實的，不妨也假裝其他有意識的實體是存在的。在兔子洞之外，遠離瑪雅的地方，絕對沒有你、我或其他任何人，但在兔子洞裡，如果你放輕鬆、配合一點，生活就會舒服很多。

好吧，那麼，那些高等或更進化的存在體呢？更精妙世界的居住者呢？振動頻率更高、比較不那麼「物質」的存在體呢？在通靈感應中出現的傢伙、高我、超靈之類的呢？它們存在嗎？在眞相中，答案是否定的；而在兔子洞裡，答案是：我們無從知曉。我們可以爲其他實體的存在賦予可能性，卻無法爲不可能的事賦予可能性，而不可能的事情是：有任何實體知道「我存在」之外的東西。因此，其他任何存在體——無論多精微、多進化——都一定和我們一樣，生活在虛假的範式中，由虛假的信念定義。這對那些我們推測可能存在的高等實體來說，又意味著什麼？這意味著，它們不過是生活在一個更大的遊樂場裡，如果它們眞的存在，其本質應該與我們相同。它們甚至可能生活在一個不同的範式裡，但那個範式如果不是意識主導論，就是虛假的。歸根結柢，只有虛假的知識才能把一個有意識的實體與其他任何有意識的實體區分開來，因爲我能知道的只有我存在，我永遠無法確定我不是唯一存在的有意識實體——那個唯一的觀者。

除了虛假的知識之外，會不會還有別的東西能把兩個假設的存在體區分開來？也許有，但我們已經走偏了，陷入無限蔓延的猜測——在這樣的猜測裡，每一步都會改變一切，什麼都不確定，甚至連可能性都無處可尋。當我們試圖調和那無法調和的、試圖讓「如果這樣會怎麼樣」的狀況顯得合理時，就會發生這種事——在意識到自己走偏之前，我們就已經迷失了。我們看上去好像在討論大家都同意的明顯事實，但既然其他人的存在不過是沒有根據的猜測，他們是否同意根本無足輕重。

眞正的重點不在於更了解表象是怎麼回事，而是明白表象什麼都不是。所有的感知都一樣不眞實，表象宇宙中的一切都擁有一個確切且可知的價值：「我存在」是一，其他都是零。

21 重大反對意見

這顯然很荒謬，但任何想要成為哲學家的人都必須學會不被荒謬嚇到。

——伯特蘭・羅素

當真相昭然若揭，黨派之分不可能產生。從來沒有人爭論正午有沒有陽光。

——伏爾泰

對意識主導論的主要反對意見是：它太荒謬了，是徹頭徹尾的胡說八道，只有傻瓜才會相信這樣的廢話、胡扯、垃圾、無稽之談、胡言亂語——你知道的。說得對，意識主導論就是一連串的胡說八道。所以，我該如何回應這個反對意見？

我同意，完全同意。你要說它多荒謬都行，我和你站在同一邊。我對這個反對意見沒有反對意見，這個解釋一切的理論——意識主導論——很明顯地單純是扯淡。

我同意。

現在，在我們處理這個反對意見之前，還有別的反對意見嗎？除了認爲意識主導論的模型過於荒謬，根本不值得認眞看待這一點之外，還有別的什麼可說嗎？

沒有了。這一點很重要。反對意識主導論的唯一論點就是：它很荒謬。就這樣了，這就是反方論點的全部內容。沒有事實，沒有證明，沒有科學或數學依據，沒有無可爭辯的知識或無懈可擊的邏輯，有的只是「意識之外沒有宇宙」這個概念的「極端不可信性」。

這令人太難以相信了。這就是唯一的反對意見。

了解這一點眞的很有價值。一旦理解了，你就能明白爲什麼眞相如此明顯，卻有那麼多人尚未找到它。意識主導論因爲全然令人難以置信，使得它無法被人察覺。相反地，宇宙主導論完全可信，每個人都毫無保留地同意它就是現實。

還有一點：沒有所謂有理性的人。我們都是訴諸情緒的生物，只有一丁點象徵性的理智。這個論點不是個別案例，它絕對適用於每一個人。

如同我之前說的，沒有什麼被隱瞞或保留，不讓我們知道。不存在任何代理人或仲介組織專門負責讓我們對自己的本質一無所知，也沒有人密謀讓我們被蒙在鼓裡。

阻止我們意識到這個現實只是海市蜃樓的，是我們相信它具有眞實性的信念。我們是訴諸情緒的存在體，而情緒正是信念的動力。

我想離題說幾句跟三部曲有關的話。讓我告訴你吧，我痛恨奧祕，痛恨到出去追蹤它們，一找到就格殺勿論，直到我再也找不到任何奧祕爲止。我眞的那麼做了，而且大獲成功。我用光與洞察摧毀了陰影與黑暗。這是覺醒過程的另一種說法，而關鍵問題是：你比較痛恨虛假的自我，還是比較恐懼無我？這就是參戰的雙方：對虛假自我的痛恨，以及對無我的恐懼。這個問題可以在你心裡醞釀多年，當你給出答案那一刻，就是你踏出眞正覺醒旅程的第一步那一刻。拿起一把十五公分長的刀子，跳進血紅的漩渦中，去斬殺一隻殺不死的怪獸——這不是你回答這個問題的**結果**，它**就是**你的答案。

關於意識主導論，你可以下兩個結論：第一，它顯然不是眞的；第二，它是眞的，無可辯駁。

事情就是這樣。意識主導論的眞實性不僅無可辯駁，它的無可辯駁還到了讓人惱火的程度。撒母耳．詹森博士在回應貝克萊主教時，如此反駁後者的觀點：他用力踢向一塊大石頭，然後聲稱：「這就是我反駁它的方式！」①

我想，這就是「惱羞成怒的辯護」，就像把棋盤掀翻，然後聲稱自己將死對方了。我了解這種反應。人們想要前進，建造思想和哲學的主題公園，不希望被一個技術細節扯後腿，但事實上，這就是我們關注之處——從範式的角度來看，意識主導論這個技術細節造成的影響會是毀滅性的。外面沒有宇宙，沒有任何證明、甚至證據表明有宇宙存在，其他認爲並非如此的說法都只是信念而已。

我在之前的一本書中說過，如果哲學教授了解「我思故我在」的眞義，他們就不會成爲哲學教授了。現在我說的其實也是同樣的道理。每個看到那塊石頭的人都必須去踢它，因爲它就在那裡，而且無可辯駁。如果想進入遊樂場，在今後的人生中免費玩遍裡面的遊樂項目，踢那塊石頭就是你要付出的代價——你必須踢「我思故我在」一腳，然後說：「這就是我反駁它的方式！」你可以在這個基礎上自由發揮——詹森簡潔有力地表達了他的觀點——但其核心是不會變的。想要在遊樂場裡面玩，唯一的方法就是去踢那塊石頭，然後，用你自己的方式喊出：「這就是我反駁它的方式！」

當然，我們大多數人採用的方式是愚蠢、狂熱或雙重思想（也就是支撐幻相的三腳凳之類的），但任何一個想要誠實審視自身境況的人都必須處理這個事實：除了「我在／意識」之外，其餘的事物均不可知。

> 到最後，黨可以宣布，二加二等於五，你就不得不相信它。他們遲早會作此宣布，這是不可避免的；他們所處的地位必然要求這樣做。他們的哲學不僅不言而喻地否認經驗的有效性，而且否認客觀現實的存在。常識成了一切異端中的異端。可怕的不是他們由於你不那麼想而殺死你，可怕的是他們可能是對的。因為，畢竟，我們怎麼會知道二加二等於四呢？怎麼知道地心吸力發生作用呢？怎麼知道過去是不可改變的呢？如果過去和客觀世界只存在意識中，而意識又是可以控制的——那怎麼辦？
>
> ——喬治·歐威爾，《一九八四》[2]

一個模型需要的外在支撐，與它的結構完整性成反比——牢固的模型幾乎不需要外在的強化，脆弱的模型則需要很多。我們不需要大教堂、宗教儀式和酷刑折磨來說服我們，太陽是溫暖與光的源頭；但反過來，如果想要說服別人相信太陽散發出夜晚的寒冷與黑暗，可就需要很多戲服、儀式和拿火鉗的傢伙了。

比起太陽的溫暖，意識主導論不是那麼有說服力。實際上，除非**解除**你對擋在它前面的一切事物的「知道」，你是無法直接知曉意識主導論的。我可以告訴你，意識主導論是我生活其中的現實，而且也可能成爲你的，但它無法以你接受任何一個已知「主義」的方式那樣，變成你的現實，你沒辦法像接受某個預先打包好的意識型態一樣接受它。這些日子裡，有太多人在兜售「範式轉移」，市場變得有些混亂。除非是你生活的現實，否則意識主導論只是一個閃亮亮的心智玩具。在成爲你的現實之前，它不過是充滿古怪理論的宇宙中另一個古怪理論。

別把這一切想得太嚴肅。首先，它並不重要；其次，時間是站在你這邊的。你不必明天就跑去向你的博士論文口試委員會推銷這個模型。這東西遠遠超出你們人類最偉大的頭腦所能承受的舒適區，而你現在正直視著它，所以，幹得好啊！玩得開心點，別太緊張，享受整個過程。讓科學家、神學家和學者去認眞對待解釋一切的理論吧，你我沒必要那麼做。

我們可以非常嚴肅，不過，是爲了自己。我們不必爲了同儕審查而出版自己的著作，或是整天擔心終身教職和研究資金；我們唯一要做的，就是跟隨「誠實探究」的腳步。這是我們能做的事，那些滿腦子爲虛假目標打算的傢伙可做不到。

---

① 貝克萊主教聲稱，物質實體並不存在。撒母耳．詹森雖然不同意他的觀點，卻無法反駁，只好用「石頭的反衝弄痛了我的腳，所以石頭是存在的」來抗議。

② 本段譯文摘自董樂山譯本。

22 童年之歌

當孩子還是孩子時，
走路的時候會擺動雙臂，
希望小溪可以成為河流，
河流可以成為急流，
這片水坑可以成為大海。

當孩子還是孩子時，
他並不知道自己是個孩子，
所有的事物都有靈魂，
而所有的靈魂都是一體的。

當孩子還是孩子時，

對任何事物都不抱看法，
也沒有任何習慣；
常常盤腿坐著，
然後又匆忙跑開；
頭髮捲起來，
拍照的時候不會刻意做出任何表情。

當孩子還是孩子時，
會問這些問題：
為什麼我是我，不是你？
為什麼我在這裡，不在那裡？
時間從何時開始，空間又在哪裡結束？
陽光底下的生活，難道不是一場夢嗎？
我看到、聽到、聞到的，
難道不是這個世界之前的另一個世界的幻相嗎？
根據邪惡和人類之間的事實，

邪惡真的存在嗎？
怎麼可能，現在的我，
在我成為我之前並不存在，
而某一天，現在的我，
將不再是現在的我？

他曾經憑著想像清楚看見天堂的模樣，
現在最多只能猜測。
他曾經無法想像空無為何物，
現在一想到空無就嚇得發抖。

當孩子還是孩子時，
他只吃一顆蘋果、一塊麵包就足夠了，
現在，依然如故。

當孩子還是孩子時，

他因為手中抓滿漿果而滿足，
現在，依然如故。
新鮮的胡桃讓他的舌頭刺痛，
現在，依然如故。
站在每一座峰頂，
他都嚮往更高的山峰；
置身每一個城市，
他都嚮往更大的城市，
現在，依然如故。
伸手在最高的樹枝上採到漿果時，他總是興奮不已，
現在，依然如故。
他在陌生人面前會害羞，
現在，依然如故。
他總期待著每年的第一場雪，
現在，依然如故。

當孩子還是孩子時，
他以木棍為矛，擲向一棵大樹，
至今，它還插在那裡，顫動不已。
——彼得・漢德克

23 理論與實踐

理論上，理論和實踐沒有差別；在實踐中，卻有。

——尤吉．貝拉

爲了準確表達，我有時會把「靈性開悟」這個尷尬的用詞換成更尷尬的「了悟眞相」，甚至是最尷尬的「解除對非眞相的了悟」。最後一個詞最不會誤導，因爲一個人不會**了悟**眞相。（你想要眞相？意識即眞相，而你即意識。就這樣，恭喜。）相反地，人會經歷漫長的自我剝除過程，解除對不眞實的一切的「知道」——除了「我存在」之外的一切。

我之所以指出這個區別，是因爲很多人都在提出「了悟」這個虛假的承諾——比如說，開悟是一種了悟，你要做的就是聆聽教誨、好好學習、努力練習，而且要非常刻苦、非常有耐心，然後你就會獲得這個很棒的了悟，變得非常開悟。了悟並不是人們宣揚的最終目的地，只是另一種信念罷了。它就像對一個地方的描述，如果那個地方不存在，描述的內容就是最好的版本；但如果那個地方確實存在，描述的內容就成了最糟糕的版本。我們滿足於描述，因爲我們假設那個地方不存在，或者我們沒法眞正到達那裡；可是，如果那個地方是眞實的，它就眞的存在，我們也可以眞正到達那裡。而眞相——它並非不言自明——是眞實的。它不是一份了悟，而是唯一不是信念的東西。

勒內．馬格利特的畫作〈形象的背叛〉中描繪了一支簡單的菸斗，下方用法語寫著一行字：「這不是一支菸斗。」它**是**一支菸斗，卻又不是菸斗，而是一幅描繪菸斗的畫，是對某物的描述，而不是某物本身。

同樣地，關於一座山的電影並不是一座山，只是在銀幕上變幻的光線。我在舞台上，卻同時在觀衆席中，而從觀衆席看去，舞台上的一切都是一樣的，正如同電影銀幕上的一切都是光線。舞台上的每樣事物——你、我、桌子、椅子、時間、空間，以及其他的一切——都只是在銀幕上變幻的光線。這不是什麼神祕的啓示，只是沒有被一層一層的虛假信念扭曲的感知。

法國哲學家尙．布希亞在一九八一年發表的文章〈擬像與模擬〉中，提出了一種他稱爲「擬像先行」的概念。他描述了我們如何逐漸遠離對現實的眞實、直接經驗，進入一個以符號爲基礎的模擬現實——在其中，符號經過幾個世代的演化，已經不再代表任何眞實的事物，只代表上一次演化中的抽象概念。布希亞談論的是過去一百年間的發展，有趣的是，他在微觀尺度上探討的結果，與我們在宏觀尺度上所說的事情是一致的——地圖成了領土，在現實中沒有任何基礎。

意識不需要描述。此時此刻，你正處於它的中心地帶。與直接體驗到存在相比，一個被削減成文字或符號的解釋一切的理論有什麼好的？唯一需要了悟的，就是追尋者所追尋的東西是他本身。存在的一切都是意識，汝即彼。

在三部曲中，我談到了「第一步」，這是眞正的覺醒旅程開始的地方。我從《白鯨記》作者梅爾維爾那裡借用了第一步的例子：亞哈船長抓起一把十五公分長的刀子，撲向一個巨大的敵人，儘管沒有勝利的可能，但他已經無法忍受站在原地了。梅爾維爾只暗示了一件事：踏出第一步的動機——是什麼讓一個神志正常且受人尊敬的船長突然變得如此瘋狂，以至於最終到達一種新的、未知的清醒？那是一段漫長的、緩慢的壓抑，在那段時間裡，一個人探索了各種可能的途徑，慢慢發現根本沒有什麼可找的。他會體驗到世界逐漸縮小，現實和自我逐漸收縮，愈來愈緊、愈來愈緊，直到壓力大到無法忍受，於是他不得不踏出第一步——不由自主，無法回頭。

我在這裡稍稍談到眞正的覺醒旅程，以說明理論與實踐的差別。覺醒不是一個理論，而是一段旅程。說服自己「我已經在那裡了」無法幫助你到達意識主導論，你必須親手摧毀任何一丁點讓你認爲「我不在那裡」的幻相。

24 意義與信念

生命必須被賦予一個意義，因為它顯然沒有意義。

——亨利．米勒

生命沒有意義，是你帶給它意義。生命的意義取決於你把它歸結於何處。

——約瑟夫．坎伯

沒有一個大家共有的廣大意義，只有我們每個人賦予自身生命的意義，個人的意義，個人的情節，就像一本個人的小說，那是每個人自己的書。

——安娜伊思．寧

生命的意義是什麼？這就像在問最喜歡的生命顏色是什麼。和你的一樣，不然呢？你的生命對你來說意味著什麼，生命的意義就是什麼。

如果你不確定自己生命的意義爲何，就去看看那些讓你掙扎的事，探究你爲什麼會掙扎，掙扎的結果又是什麼。檢視你最強烈的情緒：愛、恐懼、恨。你想要創造什麼、維持什麼、摧毀什麼？你能失去的最重要的事物爲何？你能獲得的最好的東西又是什麼？也許，你的意義是最能定義你的事物，例如一項習慣或一件令你苦惱的事。它可能像「責任」一樣籠統，也可能像「殺死敵人」一樣具體。

也許，你的意義只是繼續沉重緩慢地在生活中行走，日復一日。我想，既然你讀到了這本書，應該不會潦倒到撿垃圾的地步，但這不代表你的生命沒有被困在死胡同裡（嚴格來說，我想我們的生命都被困在死胡同裡）。

你的意義現在可能尚未顯現。也許你只是還沒看到它，也許你永遠看不到；也許你的意義要等你淪落到收容所，或是被困在燃燒的汽車裡，或是從高樓墜下時才會變得明顯可見，也或許永遠不會。既然不存在眞實的意義，生活得毫無意義至少代表你活得很誠實。

沒有客觀的意義，因爲沒有客觀的任何東西，只有你，以及你的主觀意義。如果你像我一樣，有個特定的目的或功能，那就是你的意義。也許你的一生都在把你引向一個簡單的動作，比如按下一個按鈕，而那個動作會讓你的整個人生從隨機的靜電干擾，變成一幅完美的圖像。

也許你有很多意義。也許，去年你的生命意義是一個孩子出生，隔年就變成了父親或母親過世。也許，對孩子的愛與對死亡的恐懼是巨大而恆久的意義，而飢餓、困倦和性欲是微小而短暫的意義。

不要太糾結於生命的意義這件事，它不過是兔子洞裡才有的問題，而且錯誤地假定了意義、生命及你的存在。對一個「我在／意識」實體來說，更恰當的問法是：意識的意義是什麼？而唯一可能的答案會是：意識存在。

也許你生命的意義是你的生命**現在**對你來說意味著什麼。因爲你清楚體驗到過去、現在和未來，所以很難理解時間並不存在。然而，我們並未眞正體驗到過去和未來，只有當下，而過去和未來只是存在當下的想法。這意味著只有現在，但「現在」是什麼？我們沒法回答這個問題，因爲沒有「不是現在」的東西。永遠是現在，只有現在。現在存在。

爲什麼一個神志正常的人會買一把槍，跑到購物中心向一群無辜的人射擊？爲什麼一個頭腦清楚的人會爲了救朋友，撲向一顆手榴彈？兩者的理由是一樣的，而那也是這兩個人的母親把他們帶到這世上的理由。他們做的是每個人都在做的事：與內在那個黑洞搏鬥，要求自己的生命要有意義，即使必須因此殺人或死去。然而，無我才是眞我，沒有意義才是眞正的意義，無論你創造、維持或摧毀了什麼，都無法改變這一點。

我們渴求意義，但既然無我才是眞我，了悟到自身的毫無意義是獲得解放的關鍵。這份了悟使「第一步」變得可能，展開了眞正的覺醒之旅，但它其實不是什麼主動的了悟，「第一步」也不是基於自身意志選擇的行動；它不過意味著，最後一點虛假的支撐物終於從你腳下消失了。

你眞的只是一堆信念組成的風滾草嗎？從外面看，人格的確是這樣，但從內部看就沒有那麼簡單。似乎有許多影響力和因素造就了你這片獨一無二的小雪花——先天的、後天的、業力、法、前世、超靈、無限智慧等。這些只是信念嗎？或者，它們是信念的來源？或者，它們是除了信念之外、定義你的因素？

我和你之間的差別是什麼？任何兩個人之間的差別又是什麼？將兩個存在體區別開來的只有信念嗎？在宇宙主導論中，答案顯然是否定的，但是在意識主導論裡，答案很明顯是肯定的。那看起來也許很荒謬，但是當迷霧退去、夢境消散，現實會蒸發無蹤，留下我們置身於一片荒蕪的景色中，此時，荒謬的事變得明顯可見、平淡無奇。

表面看來，我們不僅僅是我們在人生的旅程中選擇相信的那些信念的集合體，但是，讓你成爲你的無論是什麼，都只是宇宙主導論（或X主導論）的現象。這一點在那些天賦異稟（或說有「特定任務」）的人身上最爲明顯。如果我們推測，曾經有過一個叫莫札特的人，這個人和歷史上說的莫札特一樣，那我們就可以合理斷定，他不只是後天養育的結果；也就是說，我們不能把小莫札特隨便換成一個街上撿來的孩子，然後指望那個孩子也變成一個莫札特。

但最重要的是：關於你自己，你能合理地得出什麼結論？讓你成爲你的無論是什麼，解決這個奧祕都不會引你走向眞相。自我發現的旅程不是自我探索，而是自我毀滅。你必須照亮內在空間中那些陰影籠罩的地域，斬斷把你困在人格和夢境狀態裡的情緒能量卷鬚。無法調和的就是無法調和，除了「我存在」，我們唯一能確定的，就是我們無法確定其他任何事。這一點值得重複：我們可以知道的最重要的事情之一，就是知道什麼是我們無法知道的；而除了「我存在」，沒有任何有意識的實體能知道任何事。關於我們是誰、是什麼，我們所知的一切都是虛假的。

如果你和那個沒有被錯誤認知毒害的你坐下來坦率地聊一聊，他會告訴你，你以爲你所是的那個人和眞正的你之間的關係，不會比其他任何人更近。你非但不是你，你與你沒有半點相似之處、沒有半點關係。你可以輕易地成爲另一個人，也許你就是。實際上，你有可能是其他任何**人**、任何**事物**；實際上，你也許必須是。一旦你站在高一點的地方觀看「個人認同」這件事，它會迅速瓦解，而且不是一點點，是完全瓦解。

25 感知的帷幕

唯一的現實存在我們之內，這就是為什麼許多人過著不真實的生活。他們認為外在的影像才是現實，從不允許內在的世界表達它自己。

——赫曼．赫塞

我們清楚而明顯地感知周遭的世界是眞實的，這就是阻止我們接受意識主導論的主要阻礙。這個世界怎麼可能不是眞的？我看到它，摸到它，聽到它，嘗到它，聞到它，這個世界一直在那裡，永遠堅實而穩固。在我清醒的每一分鐘裡，我都直接體驗到周遭的世界，說它不存在實在太蠢了——也就是說，意識主導論的模型太蠢了。

我的回答一如既往：重新檢查你的假設。在這裡，「我們直接體驗到周遭的世界」這個假設是不眞實的。從來沒有人直接體驗到這個所謂的世界，也不會有人做得到。很奇怪，不是嗎？

「多花點時間和你的手待在一起。」我向卡爾提議。

他滿臉茫然地看著我。

「說眞的，仔細思考一下你的雙手。試著欣賞它們，動一動、觀察一下，感覺它們眞的與你連在一起。」

卡爾開始仔細研究自己的手，彷彿從未眞正看過它們。或者，他只是在逗我。我沒有察言觀色的能力。

每當我想安定下來，提醒自己，我經驗到我是一個身在時間空間能量物質遊樂場裡的肉體，就會仔細研究我的手。我每天這樣做好幾次。我的雙手讓我記起我在哪裡、這件事有多棒，以及這種情況隨時可能改變。

「在欣賞你的手時，」我告訴卡爾，「思考一下這個事實：你沒有、也不能直接體驗你的雙手。」

他直接把兩隻手舉起來給我看，因爲輕易擊敗我的愚蠢陳述而自鳴得意。

「你不是直接體驗你的手，」我說，「你直接體驗到的只有意識，所以你直接體驗的是你對你的手的**感知**。而對你的雙手本身來說，你只是間接體驗到它們，正如同你間接地體驗你的大腦、啤酒和過去。」

「間接和直接的差別是什麼？」

「你唯一可以直接感知的，是感知本身：意識。」

「就像我的手。」

「不，是你對你的手的感知。」

「而不是我眞正的手？」

「其實不是很『眞正』。」

在哲學中，這被稱作「感知的帷幕」，意思是：我們眞正感知到的是對某物的概念，而不是該物本身。比如說，我的手並未被我直接感知，而是由感覺受器透過神經系統向大腦傳遞電化學訊號，然後在大腦裡，訊號被解讀，並創造出對雙手的感知。但很顯然，整個感覺系統，包括大腦，都只是個概念。無論我多麼強烈地相信我的手和大腦是眞實的，它們都不會超越「沒有理由相信其可能性」的層次。我們體驗到的宇宙永遠只是一個信念，沒有任何證明、甚至證據表明物質宇宙是眞實的。「瑪雅的幻相宮殿完全是由一縷縷夢境中的材料建造而成」這句話的意思就是這個。

被洗腦的宇宙主導論教派成員（我想也包括你）相信，**外面那裡**存在著一個物質宇宙，但沒有人曾經直接感知宇宙，今後也不會有。因此，出現了共識現實的奇特迴路：我們都同意宇宙眞的在那裡，而那些同意我們的，自己也在那裡。

在透過感官感知到事物的一瞬間，我們的經驗就已經是二手的了，因爲大腦並不感知任何事物，它只是待在暗室裡，把輸入的感官資訊翻譯成感知。你所謂的大腦無法看、聽、嘗或碰觸任何東西，你和**外面那裡**的宇宙沒有直接接觸，感知到的只是一場內在的電影，是心智銀幕上的投影。沒有人可以直接感知**外面那裡**的任何東西，這個清楚明瞭的眞相似乎應該被科學家放在他們的每項陳述之前作爲前言，而不該被埋起來。然而，如果他們不埋了它，它就要埋葬科學家了。假如科學家的每項陳述之前都要加上「當然，本陳述只是沒有依據的虛構內容，僞裝成可靠的眞相，不過呢……」，他們的可信度也許會大大降低。

我們從出生起就被設定要暫時停止懷疑，假裝現實是眞的，但如果想要停止假裝，搞清楚什麼**真的**是眞的，我們就必須重新啓動自己的批判性信念解除系統，激烈地、狂熱地、病態地懷疑一切。哲學管它叫「極端懷疑論」，我則稱之爲「把已知的和相信的分開」，這對我來說並不算極端。你必須在某處畫一條線，而信念和知識之間似乎是個畫線的好地方。

我可以堅稱自己生活在二十一世紀，但那不過是個基於謠言和傳聞的信念。或者，也許我生活在三十四世紀，昨晚參加了一場催眠活動，在活動中被指示要忘掉自己參加了那場活動。或者，我可能正在進行長途星際旅行，我的大腦懸浮在冷凍劑中，爲了消磨時間，我往自己的大腦輸入一部感官老電影。可能的情況有無數種，我有什麼辦法確定？就和我確定其他任何事情一樣——我沒辦法。

乍看之下，意識主導論是不可能的，因爲我們的現實太眞實了，不可能只是一個類似夢境的現象。但是當我們開始審視自己眞正知道什麼、怎麼知道的，以及知曉的本質，現實的不眞實性便顯露出來了。我們只能意識到意識，這是一句強而有力的提醒，告訴我們什麼不能被接受爲眞。我並沒有覺察到我的手，或者應該說，我、覺察和手三者是一體的：感知者—感知—被感知者。意識。

我們對物體恆存性的觀念在兩歲左右發展出來，但我們可能到現在還會懷疑，如果不再觀察某個物體，它是否眞的存在。我們也許成熟到不再考慮這種問題，但不表示我們已經回答了它。這依然是個有效的問題：當我看不到我的自行車時，我怎麼知道它眞的存在？答案是：我不知道。更好的問題是：當我**確實**看到我的自行車時，我怎麼知道它存在？答案是：我不知道。而最好的問題是：我到底怎麼知道有**任何**事物存在？答案是：我不知道。

如果我意識到某樣事物，它是否就是眞的？不是。意識是眞實的，意識的內容則不是。我永遠無法直接感知外在世界，但我的確直接感知到感知本身。我對一個起司漢堡的感知並未證明一個眞實的起司漢堡的存在，但感知本身是完全眞實而有效的——對我來說。起司漢堡看起來很眞實，而感知的強度會有變化，所以，手中的任何一個起司漢堡看起來、聞起來、嘗起來和感覺起來，都比想像中的起司漢堡更眞實，但兩個起司漢堡都只是感知——一個感覺上比較眞實，但兩個都不是眞的。

「感知就是感知，」我對卡爾說，「它是它本身，不需要我們去證明它。我對一個起司漢堡的感知和我對星星的感知同樣有效，但是，如果我依據這些感知去推導，宣稱我擁有一個物質身體，存在於一個包含時間、空間、能量、物質，充滿起司漢堡和星星的宇宙裡，那我就已經走偏了，進入沒有根據的推測，因爲我試圖用一縷縷的夢境材料編織出一個物質宇宙。」

「每個人都那麼做。」他說。

「的確，每個人都那麼做，如果眞的有『每個人』，而不是一堆飄渺的夢境材料的話。」

「喔，對，」被我叫作「卡爾」的夢境材料說，「當然啦。」

「但是，」被我叫作「我」的夢境材料繼續說，「如果我不試圖根據我的感知推導出一個物質宇宙，就不會有矛盾了。我的起司漢堡製造出感官覺察，在我的存在的感知三聯體中，那就是一個事實，所以當那個感知存在時，它就是我的一部分，屬於我的自我與當下。」

「所以，如果宇宙不是眞的，」卡爾一邊檢查他的手一邊問，「它是從哪兒來的？」

「它對你來說的眞實度，正如它本身的眞實度。」我說這句話時隱約有種自我剽竊的感覺，然後我意識到，我只需要說一串兩個字母的單字，就能表達同樣的意思。「它之於，呃，我，之所是，正如它之所是。①」我得意洋洋地說。

「呃？」卡爾說。

「當我沒說。」我說，「在範式之間跳躍是件很複雜的事。意識主導論有很多難以用理論處理的分支，嘴上說說意識不在時間和空間之內很容易，但想要眞正理解，你必須放下你那些被時間僵化、由情緒賦予力量，且告訴你事情不是如此的信念。你不需要任何新信念，但你會開始看見你的舊信念有多根深柢固、不容變動。沒有時間或空間，只有意識；沒有之前或之後，沒有此處或彼處，只有存在。所以，回答你的問題：宇宙從意識來，而意識存在。」

「這個答案讓你滿意嗎？」

「完全滿意。我已經在意識主導論裡居住了二十多年，直接理解我所說的東西，不必經由言語、文字、概念或信念這種貧弱的媒介。我擁有永恆的全知全視，在我目力所及的範圍內，沒有奧祕存在，也不可能有奧祕，我看不到奧祕可以隱藏的地方。我希望我有傳達出這一切的簡單與明顯。試圖表達無法表達的東西是愚者的差事，但我沒有被這一點阻擋。」

這本來就是很簡單的東西，爲了得到它，你也要變得簡單一點。相不相信意識主導論並不重要，如果意識主導論不是你的現實狀態，那麼它只是另一個概念玩物，你可以玩過就丟。但是，你已經走到這裡了，爲什麼不親自試試呢？把意識主導論當成一個鏡頭，透過它重新評估你的世界，看看一切如何變得清晰。到處看一看吧。看著每一樣事物、每一個人，檢視任何一個奧祕、問任何問題，仔細觀察你最確信無疑的東西——你的手、你的大腦、一個起司漢堡——問問你自己，你怎麼知道它們是眞的。答案是，你永遠無從知曉。

---

①這句話的原文為「As is as it is to me is as is as it is.」，句中的每個單字都由兩個字母組成。

26 推測與假裝

如果能夠避免，就別一直問自己：「它怎麼會是這個樣子？」因為你總會陷入一個沒人走出來過的死胡同裡，在那裡，你的一切努力都是徒勞。沒人知道它怎麼會是這個樣子。

——理查．費曼

既然我們知道了什麼可以被認定爲眞、什麼不可以，現在，我們可以看看那些我們無從知曉、但也許還是會相信的事。這是關於回到兔子洞裡，在那裡，見山又是山，一切看上去都很眞實，卻沒有什麼是眞相。訣竅在於：在眞實和眞相之間畫一條線。除了「我在/意識」之外，我們無法接受任何事物是眞相，但我們相信什麼是眞實的，它就是眞的。

爲了重新進入遊樂場，我們得重新「暫時停止懷疑」，接受這個夢境狀態的**虛擬**

現實是**真實**的現實。比如說，我喜歡假裝我神志正常，我擁有自由意志，何妨一試，不是嗎？我還假裝我就是我的角色，我的記憶是可靠的，時間、空間和世界就如同它們看起來那樣。差不多是如此。

坦白說，爲什麼不？我沒有什麼要維護的信念、要追隨的教誨、要說服的人，我已經完成了，徹底完成，我的行爲舉止或穿著打扮不必遵循某種方式。沒錯，我提過那個照亮一切的智慧，但那不過是另一個信念，就像假裝我是神志正常的一樣。

確定了這些，我們就可以仔細看看意識主導論中，有哪些推測是我們不妨接受爲眞的，這就像爲了讓潛艇下沉，必須將壓艙裝滿水。

如前所述，我假裝爲眞的幾件最重要的事情之一，就是：有一個照亮一切的智慧，而我與之和諧一致。我推測，我與一個比我高出無數倍的智慧與意志有一種共同創造的關係。我觀察到，我存在一種像水流一樣流動的能量模式中。我觀察到，當我順著這些精微的能量流動行事時，一切都會很順利，願望顯化爲現實，方向變得清晰，輕鬆和順利成了自然狀態。我觀察到，我對這種能量發展出高度的敏感性，在任何重大的不順發生之前，我就可以微調。

完美的智慧對我來說很容易相信。它幾乎可以從邏輯角度證明，我不必經由感官就可以感知到它，而它對我來說是如此確定，我幾乎要宣稱它是眞相了——我永遠不會這樣說其他任何事物。沒錯，一切都是推測，但我不妨推測我是神志正常的；而假如我**的確**神志正常，那麼，完美的智慧就是我的作業系統。完美智慧作業系統。

我默認的另一件事是我的角色。一個演員怎麼能沒有角色？無我是眞我，不過舞台上的演員需要人物設定、服裝和背景故事來進行演出，這些東西我都有了，所以就順著玩下去，山又是山了。我有別的選擇嗎？以無我的身分到處走動？那可不行。在夢境狀態中，沒有所謂「開悟的人」，因爲在一個虛假的背景中，你不可能是眞實的；在有限制的脈絡中，你不可能是無限的。相反地，眞相無法居住。沒有人住在山不是山的地方，沒有人處於夢境狀態之外，你不是在瑪雅的幻相宮殿裡，就是哪兒也不在。

我還把這個「所見即所得」的宇宙當作眞實的。我發現自己處於這個夢境狀態現實中，除了它並不存在之外，我對它沒有什麼異議。因爲這個原因，也因爲不這樣做眞的太不方便了，我接受表象現實呈現出來的樣子。在第一本書中，我說過我毫無分別地相信一切，就是這個意思。在夢境狀態中醒著，我不必費工夫區分什麼是眞的、什麼不是。夢中的一切都同樣眞實，有什麼好區分的？

從我的表象大腦開始向外擴展的整個表象世界，其實很容易接受，而在夢境狀態中生活，這是一個必須遵守的慣例。這個「所見即所得」的宇宙是我生活的地方，我的山在這裡又是山了。我把這個宇宙叫作「家」，但我從來不會把它和眞相搞混。我也許住在夢境狀態裡，但我永遠不會重新陷入不清明的狀態中。

到目前爲止，我們在「暫時停止懷疑」這件事情上還沒有走得太遠。我們只探討了和周圍環境有關的推測，而且大部分與我的直接經驗有關，但現在，我們得大步飛躍，思考一下這個問題：你在／意識。我相信你存在嗎？

如果不假裝其他有意識的實體存在，我就成了宇宙唯一的居民，那個唯一的觀者。這樣說來，「我在／意識」就是全部，我**知道**爲眞的一切就是眞實的一切。這是開悟的觀點，知識的開始與終結，可知眞相的全部，除此之外的一切都是沒有根據的推測。這是底線。

但是，當我躲回兔子洞裡，進入由混合的隱喻和無限的可能性組成的遊樂場，我可以默認其他無數「我在／實體」的存在。這麼做意味著我推測每個「我在／實體」都是它們自己夢境宇宙的中心，就像我一樣。也就是說，我推測有無數像我這樣的獨立意識實體，每個實體都在經驗自己的宇宙，造成了無限多互不相連的宇宙：多重宇宙。

這就是事情看上去的樣子，幾乎啦。事實上，不僅有很多意識實體，這些實體似乎還共用一個夢境空間。這就是宇宙主導論中的景象，不是嗎？就像只有一個現實，而我們一起身在其中？宇宙是那張無限大的紙，我們只是紙上一群不斷生滅的意識小點。

嗯，在宇宙主導論中顯而易見的事，在意識主導論中卻是大膽的推測。就算承認在「你存在」的多重宇宙中，你和其他無數人都和我一樣，是有自我意識的實體，這跟承認我們共用一個矩陣式的現實還是有很遙遠的距離。如果我們推測這種情況存在，就等於是推測有無數個獨立的意識在一個共用的時空環境中平行運作——平行宇宙。

重新定義這些名詞：多重宇宙和平行宇宙之間的差別，就像單人電腦遊戲和多人電腦遊戲。多重宇宙的情況就像單人遊戲，也許有數百萬人在同樣的虛擬環境中同時玩一款遊戲，但他們是完全分離的，沒有任何重疊，也沒有共享的影響力。在我的單人宇宙中無論發生什麼事，都不會影響你或其他任何人的單人宇宙。我用核彈轟炸我宇宙中的巴黎，你的巴黎還是好好的。平行宇宙的情況則像多人遊戲，好幾個實體從不同的角度經驗同一個環境。我用核彈轟炸我的巴黎，所有人的巴黎都會遭殃。

卡爾和我坐在外面，一邊喝著好啤酒，一邊仰望星空。在意識主導論中，卡爾、啤酒和星星都只是我夢境狀態中的元素。如果我推測多重宇宙存在，那麼卡爾依然是我夢中的一個元素，但我承認一種可能性：意識的某處有一個真正的卡爾，他可能坐在我的一個副本身邊，抬頭看著類似的星空，也可能沒有。而如果我推測平行宇宙存在，那麼卡爾和我正在共用意識中的某個虛擬環境，從不同的角度感知同樣的星空。最後一種情況，也就是卡爾的宇宙和我的宇宙分開但平行運作——平行宇宙——是最顯而易見，也是最不可能的。

推測也許很好玩，不過我們無法憑空變出可靠而全面的解釋一切的理論。我知道一個完美的解釋一切的理論，也知道沒有其他的了。真相是唯一可能的解釋一切的理論，而嘗試理解「我在/意識」之外的任何事，都只是虛擬遊戲而已。

27 摘自《宇宙盡頭的餐廳》

……他的眼睛，儘管睜著，看上去卻像閉上了。

（本章內容摘自英國作家道格拉斯．亞當斯的小說《宇宙盡頭的餐廳》。）

急降的雨點在鋼浪板的屋頂跳著舞，在那屋頂下是一間小小的棚屋，佇立於這片灌木叢生的土地上。在棚屋裡，雨打在屋頂上的聲音震耳欲聾，屋裡的人卻幾乎沒察覺，因爲他的注意力正集中在別的事情上。那是一個腳步踉蹌的高個子，他淡黃色的頭髮很粗糙，被漏水的屋頂滴下的水弄濕了。他的衣服破破爛爛，背駝著，而他的眼睛，儘管睜著，看上去卻像閉上了。

他的棚屋裡放著一把老舊的破爛扶手椅、一張老舊且滿是刻痕的桌子、一張破舊的床墊、幾塊軟墊，還有一個火爐，雖然小，卻很溫暖。他站起來，在床墊旁邊找到一個放在地上的玻璃杯，拿起酒瓶往杯子裡倒了一點威士忌，然後又坐下。

「也許，有別的什麼人要來看我了。」他說。

門打開了。

「你好？」男人說道。

「啊，對不起，」扎尼烏普說，「我有理由相信……」

「是你在掌管宇宙嗎？」柴法德說。

男人對他露出微笑。

「我試著不要。」他說，「你身上濕了嗎？」

柴法德震驚地看著他。

「濕了？」他喊道，「我們看起來沒濕嗎？」

「我是覺得你看起來濕了，」男人說，「但你對此有什麼感覺又是另一回事。如果你覺得溫暖能把你烤乾，最好進來。」

他們走進棚屋裡。

環視這個小小的棚屋一圈之後，扎尼烏普感到有些厭惡，崔莉恩看起來挺感興趣，柴法德則很愉快。

「嘿，呃……」柴法德說，「你叫什麼名字？」

男人充滿疑惑地看著他們。

「我不知道。爲什麼，你覺得我要有個名字？替一團模糊的感官知覺命名似乎很奇怪。」

他邀請崔莉恩坐在椅子上，他自己坐在椅子邊緣。扎尼烏普僵硬地靠著桌子，柴法德則躺在床墊上。

「哇哦！」柴法德說，「權力的寶座！」他逗了逗貓。

「聽著，」扎尼烏普說，「我得問你一些問題。」

「好吧，」男人友善地說，「你可以唱歌給我的貓聽，如果你願意的話。」

「他喜歡聽人唱歌？」柴法德問。

「你最好問問他。」男人說。

「他說話嗎？」柴法德說。

「我不記得他說過話，」男人說，「但我很不可靠。」

扎尼烏普從口袋裡掏出幾頁筆記。

「我開始問了。」他說，「是你在掌管宇宙，對吧？」

「我怎麼知道？」男人說。

扎尼烏普在筆記紙上勾畫了一筆。

「你做這件事多久了？」

「啊，」男人說，「這是一個關於過去的問題，對吧？」

扎尼烏普不解地看著他。他的回答和扎尼烏普的期望有些差距。

「對。」他說。

「我怎麼確認，」男人說，「過去不是虛構的？或許，它的存在只是用來解釋我直接體驗到的身體感受與心智狀態之間的不協調。」

「不，聽我說，」扎尼烏普說，「人們會來找你，不是嗎？他們乘著飛船……」

「我想是吧。」男人邊說邊把酒瓶遞給崔莉恩。

「他們會要求你替他們做決定？」扎尼烏普說，「關於人們的生活、關於世界、關於經濟和戰爭、關於外面的宇宙中發生的一切？」

「外面？」男人說，「外面是哪裡？」

「就是外面啊！」扎尼烏普指著門說。

「你怎麼知道外面有東西？」男人禮貌地說，「門是關著的。」

「但是你知道外面有整個宇宙啊！」扎尼烏普喊道，「光說它們不存在，你也無法逃避你的責任。」

宇宙的掌管者思考了很長一段時間，與此同時，扎尼烏普一直憤怒地顫抖著。

「你非常確信你知道的事實，」他終於開口了，「我無法信任你這種人的思考，因爲你把宇宙視爲理所當然，假如眞的有宇宙的話。」

扎尼烏普還在顫抖，但漸漸安靜下來。

「我只爲我的宇宙做決定，」男人輕聲地繼續說道，「而我的宇宙是我看到和聽到的，其他的一切都是傳聞。」

「難道你就沒有任何相信的東西嗎？」

男人聳聳肩，抱起他的貓。

「我不了解你在說什麼。」他說。

「你不了解你在這個棚屋裡做的決定會影響外面幾百萬人的命運和生命？眞是豈有此理！太荒唐了！」

「我不知道。我從沒見過你說的這幾百萬人，而且，我懷疑你也沒見過他們。那些人只存在我們聽到的話語中，你聲稱自己知道別人身上發生了什麼，這才荒唐。只有他們知道，如果他們存在的話。他們有自己的宇宙，由他們自己的眼睛和耳朵組成的宇宙。」

「你相信其他人存在嗎？」扎尼烏普堅持問下去。

「我沒有任何看法。我能說什麼呢？」

扎尼烏普繼續說道：

「難道你不了解人們的生死由你的一句話決定？」

「那和我沒有關係，」他說，「我和他人互不牽扯。上帝知道我不是個殘酷的人。」

「啊！」扎尼烏普吼出聲來，「你說了『上帝』，那不是你相信的東西嗎？」

「我的貓，」男人慈祥地說道，邊說邊抱起貓，撫摸著他的背，「我叫他『上帝』。我對他很好。」

「好吧，」扎尼烏普還在主張自己的觀點，「你怎麼知道他存在？你怎麼知道他知道你對他很好，或者，你怎麼知道他在享受他認爲的『你對他很好』？」

「我沒辦法知道。」男人微笑著說，「我毫無頭緒。我只是覺得，在這隻看起來是貓的存在體面前，某些行爲讓我很開心。你不也是這樣？拜託別說了，我覺得我累了。」

扎尼烏普無比失望地嘆了口氣，向周圍看了一眼。

「其他兩個人呢？」他突然說道。

「哪兩個人？」宇宙的掌管者坐回椅子裡，往他的杯子倒滿威士忌。

「癟頭士①和那個女孩啊！他們剛剛還在這裡！」

「我可不記得有什麼人。過去是虛構的，它的存在只是用來……」

「閉嘴！」扎尼烏普打斷他，然後衝向屋外的大雨中。

①癟頭士是柴法德的姓。

28 楚門的世界

我們接受的往往只是呈現在我們眼前的現實。

——「克里斯多夫」

我向約翰和克蕾兒姊弟提過《楚門的世界》這部電影好幾次，但他們從來沒看過。其實，我也沒看過，所以在我離開前的最後一晚，我們租了這部電影一起看。卡爾和珊蒂也加入我們，把那天晚上變成了家庭觀影之夜，外加我一個人。真溫馨。

這部電影是從幻相中覺醒之旅的基本寓言。在旅程的終點，楚門．伯班克從最後一道大門逃出他從小生長的人工環境「桃源島」，獲得了自由。他穿過那道門，踏入一個更廣大的現實，不過，這個現實和他以前所知的世界本質上是一樣的，只不過規模大了點——一樣的範式，一樣的運作方式，所有事物真的都一樣，只是高了一層。就像《駭客任務》中的尼歐，楚門並未逃離幻相女神瑪雅，他只是從一隻烏龜背上跳到下一隻烏龜背上。

「來，現在假裝是你打開了那扇門，」看完電影後，約翰和克蕾兒過來找我討論，我這樣對他們說，「你的一生都在爲這一刻做準備。你經歷了一次又一次危機，打過一場又一場惡戰，摧毀了一個又一個幻相。隨著你的世界在你周遭分崩離析，你的內心經歷了難以平息的情緒波動，你已經展開了一段偉大的旅程，現在，你馬上就要揭開你存在的眞相。你將離開你所知的唯一現實，步入一個新的、規模更大的現實，一個你從未見過、最近才開始懷疑它存在的現實。可以嗎？」

「可以。」他們異口同聲地答應了。

「好。在電影的比喻裡，楚門只是從一個微型宇宙走入大家都知道的常規宇宙——這其實和他在桃源島攝影棚裡熟悉的那個範式並沒有差別，只是規模不同。就好像他從一個牢房鑽地道越獄，卻鑽到另一個更大的牢房裡。我說的沒錯吧？」

我停下來等待他們回應，這是保證大家步調一致的好機會。他們很肯定地告訴我，已經跟上了。

「但假如他不是站在通往下一層的大門前，而是站在**最終的**大門前方，會怎麼樣？這扇門不是只把你送到下一層，而是超越**所有**層次，進入終極、永恆、無窮的現實。如果他殺掉他最後一個佛陀，在最後一次謝幕之後穿過那扇門，進入一片永恆空無的全然虛空中呢？之後，又會發生什麼？」

他們把這個問題當成一個修辭性問句，愣愣地盯著我。

「在最後一扇門背後，沒有時間或空間，」我繼續說道，「沒有能量或物質，沒有動作，沒有相對性，毫無他物。山不是山，沒有任何人或任何地方，沒有要扮演的角色，沒有看表演的觀眾，只剩下眞相，而楚門不存在。沒有感知的對象，也就沒有感知；而沒有感知的對象和感知，又怎麼會有感知者呢？」

「那是什麼意思？」克蕾兒問道。

「永恆的空無，」我說，「未分化意識的虛空。」

「但是，那**意味著**什麼呢？」約翰問道。

「它不**意味著**任何事，」我說，「它只是存在。」

他們看了對方一眼，又看向我。

假設楚門到達了最後一扇門，之後呢？也許他會把手伸出那扇門，然後發現手不見了；或者，他向外一躍，然後降落在他起跳的地方；又或者……好吧，我們在此似乎把能用的比喻都用完了。很難把站在最後一扇門前**比喻為**任何事，這是一切的終局。最後的問題被摧毀了，最後一層帷幕被扯下來了，最後的大門打開了。他理解了一切。經由摧毀所有虛假的知識，他獲得了完美的知識。在瑪雅的宇宙中，只有他到達的這個地方沒有「更遠」，這是一個古怪而荒涼、名爲「完成」的地方。現在，他能做的只有轉過身，重新進入那個他曾經付出一切逃離的虛假現實。只不過，毫不誇張地說，他這一次完全清醒。

就這樣，沒有別的了。一個不討喜的傢伙有一天感到無比憤怒，怒氣沖沖地跑出邊界，又偷偷溜回來，因爲他發現沒有別的地方可去。現在，他被稱作開悟者。我把開悟叫作「只有傻瓜才想要的獎賞」，就是這個原因。但是，了悟眞相無法藉由渴求達到，所以只有達不到的人才會失望。那個無比憤怒的傢伙不是想要變得眞實，他只是**不想變得虛假**。後者是做得到的，而且是唯一可行的方法。

電影中，楚門在穿過那扇門之前做的最後一件事，是「殺佛」。他殺了上帝，**他的**上帝；他「殺死」其他每一個人，摧毀其他每一個幻相和謊言，只剩最後一道阻礙。對楚門來說，那道阻礙是克里斯多夫，他的創造者／導演／製片人。對任何人而言，殺掉那個最後的阻礙和打開最後一扇門，說的是同一件事——完成。

請注意，楚門並未走上什麼靈性旅程。他沒有修練任何技巧或追隨任何一條路，也沒有老師或傳承，他不過是在他周遭現實的織錦上發現了一根小線頭，便開始扯那根線頭。他擁有非常純粹的意願，使得他能夠堅持扯下去，即使他試圖拆解的是他自己。

旅程的盡頭有什麼？一路走來，你克服阻力、面對恐懼，扯下欺騙者的面具，燒盡一切，到達最後一扇門，殺掉了最後的佛陀，直接看見無限的眞相。這一切之後是什麼？

之後就是「完成」。之後，你把那扇門關上，讓那些眞相、虛空的胡說八道自生自滅。之後你就知道了。之後你就理解了。之後，觀衆席的燈光亮起，人間的整場悲喜鬧劇展現在你眼前，而你將永遠無法眞正再次暫時停止懷疑。之後你會發現，你千辛萬苦離開的那個人工環境看起來相當美好，逃脫則顯得很蠢，就像衝出潛水艇或太空船一樣。

電影中的楚門走出門外，把他的桃源島拋在身後。但矛盾的是，我們這位眞實的人①沒有穿越那扇門。他走不出去，因爲別的地方沒有所謂的「他」。他發現自己是處於保護性監禁中的囚徒，一個全像甲板上的虛構人物，無法存在他的全像環境之外。他還在舞台上，不過，現在幻相被粉碎了，不再有什麼意義，沒有什麼事情可做，只剩下一堆……管他是什麼！

對我而言，在花了十年適應這個現在對我來說荒無人煙的星球之後，一個更大的模式顯現出來，而我能夠放鬆地順應這個模式。那使得三部曲的問世成爲可能——對這個有趣而迷人的消遣，我充滿感激。

所以，在電影中，楚門穿過那扇門，然後銀幕上就出現了演職員表的滾動字幕。但是在我們的最後一扇門版本裡，他並沒有出去，而是轉過頭，回到原地。

從最後一扇門回到桃源島的廣闊舞台那個新的人是誰？他被賦予了魔力嗎？他成了一個神祕家嗎？他有沒有特殊能力？他能降福於人嗎？他必須乘船回來，還是能在水面上行走？如果桃源島某個沒有覺醒的居民看著我們的楚門，他會在楚門身上看到人類最高理想的顯現嗎？或者，他只能看到一個與環境格格不入的人，似乎不屬於這個地方？他的外表不會有任何變化；他不會閃閃發光，不會憑空懸浮，也不會放射出慈愛的能量；他不會口吐蓮花，不會對每個問題都有智者般的答案；他不知道通往最後一扇門的捷徑，也不明白爲什麼會有人想去那兒。他，就像龐居士說的，不是聖人或賢人，只是一個完成了他的工作的凡人[2]。

眞實的楚門回到原地後，會發現桃源島充滿了演員。他曾經將他們看作和自己一樣的人，現在他們不再是了，而成了某種令人困惑、與他毫不相關的東西。他只知道一點：這些人不知道他所知道的東西。他們不曾經歷那些自我拆解，不曾站在最後一扇門前；他們沒有走過終極旅程，那段旅程的返程本身就是一個幻相。

他們不知道自己在哪裡。

所以，他們頂多能算得上什麼呢？兒童、芻狗、殭屍。在這位眞實的人全新而清明的眼睛裡，他們沒有一個比另一個更好或更壞。不好也不壞，往好的方面說，不過是睡著了；往壞的方面說，則是沒有感情的遊魂。他們只是舞台布景、道具、臨時演員。眞實的人不再是他們之中的一員，或與他們有任何關連，而且永遠不會是了。

電影中的楚門離開桃源島，進入愛和自由的新生活，但我們這位眞實的人則被丟進一個他明知並非眞實的世界裡，獨自行走，身上穿著他覺得與自己無關的皮囊和人格，身邊圍繞著正在演出一場無意義戲劇的演員。他用一切換來了一無所有，做了一筆划算的買賣。

①楚門的英文「Truman」的讀音，與「真實的人」（true-man）接近。

②原文為：「不是賢聖，了事凡夫。」出自《龐居士語錄》。

29 開悟的觀點

給人一根火柴，他可以用來取暖一個晚上；用火把他點著，他餘生都會感到溫暖。

被說服了嗎？你不該被說服的。你怎麼可以就這樣被說服了呢？頂多，你對意識主導論的接受程度足夠把你現有的模型攪得亂七八糟。也許，你可以在概念上領會意識主導論，並用它重新衡量你現有的信念。也許，燃燒的過程會慢慢發生，而既然你已經接觸到了，你會發現改變將在之後的幾個月或幾年裡滲透進你的世界觀。這只是我的猜想。除了藉由離開宇宙主導論，沒人能眞正進入意識主導論，但也許這一瞥會把你推向一個更勇於挑戰信念的生活。

說到這一點，我的生活就是挑戰既有信念的完美典範。我生活在一個上千億人生活或曾經生活過的星球上，儘管我在各方面都不出衆，我卻要相信，在遠遠比我更聰明、更有勇氣、更眞誠的無數人中，我是爲數不多、眞正靈性開悟的人。

我的意思是，不會吧，來眞的？

誰會相信如此明顯的幻想呢？我絕不是個好騙的人，但這就是我的生活，我能怎麼辦？我可以試著逃跑，但我已經把能逃的地方都逃遍了，才淪落到這裡。那種感覺就像，你把《宇宙威龍》這部電影中阿諾的角色換成一個小老太太，讓她接上那部心智機器裡，而現在，她相信自己是個超級星際間諜，功夫出神入化，正在拯救世界。一切都不搭調，完全不協調，簡直太怪異了。像阿諾那樣肌肉發達的大塊頭，當然適合這個角色，雖然他也許沒法區別眞實的和美瑞思①，但一個小老太婆應該知道自己是在現實中，還是在幻想裡，我也應該如此。

難怪我會覺得宇宙是一隻又大又貪玩的狗狗。明天我可能罹患屁股癌，然後認定宇宙他媽的是一隻得了狂犬病的牛頭犬，但現在，我只是順勢而爲，扮演這個有些令人難以置信的角色。人生不過是一場夢，所以幹麼挑剔？在夢中，我可以夢到自己是個靈性開悟的傢伙，寫了幾本書，熱愛狗兒，喜歡在吊床上閒晃——爲什麼要打破這場夢？

我們在本書中使用的關於「意識」的定義（感知者—感知—被感知者），可以說和阿特曼意識是相同的概念。但是，關於梵意識，我們又能說些什麼？我們可以說，梵意識是眞相、是無限的、是阿特曼意識的根基，這些都沒錯，但它們其實什麼也沒**表達**出來。意識存在，除此之外，我們無話可說。因爲梵意識是無限且不具屬性的，我們只能說它不是什麼，而不能說：這個就是梵意識。不是很令人滿意，對吧？我知道，但規矩不是我定的，而且這一條無法被打破。當然，大家都試著打破它，試圖爲梵／眞相／神／意識賦予種種屬性，但是當你把所有屬性拿走，最後剩下的那個無限、無他的存在，才是我們所謂的梵意識。

承認我們不了解、也無法了解梵意識，並不代表我們了解阿特曼意識。後者是我們經驗到的，因而似乎可以確定，前者則好像只是乾巴巴的理論。但事實上，我們可以確定梵意識存在，而阿特曼意識不存在。我們碰到了一個貨眞價實的悖論。

唯有眞相存在，非眞相不存在。這就是爲什麼「解除對非眞相的了悟」是比較準確的說法，以及爲什麼沒有「開悟的人」這種東西。事實上，沒有感知者、感知或被感知者。事物之間的區別不存在，此處和彼處的區別不存在，當下和其他時刻的區別不存在，我和你的區別不存在。存在的只有無他、無屬性的無限存在。

那麼是不是可以說，梵/眞相/神/意識具有分形或全像的特質，抑或兩者皆有？當然，爲什麼不可以？但那不就是一個屬性嗎？不，這只是描述「無限」的一個說法：當你在無限中移動自己的視角，你會發現，無論怎麼放大或縮小（拉近或拉遠），看到的都是一樣的內容，放大或縮小的動作可以一直進行下去；也就是說，你看到的每個部分都等於整體。如果我們說的分形和全像是這個意思，當然沒問題，不過這重要嗎？你會考慮部分與整體，不過是因爲你的「我在」讓你成爲整體的一部分。既然部分等於整體，你當然就是**完整的**整體。

讓我們回到那個白紙的比喻：有一張白紙向各個方向無限延伸，現在，把紙上的圈圈點點都擦掉，剩下的是什麼？完美無瑕的永恆空無，沒有分割或區別，沒有開始或結束，沒有疆界或邊緣。我們到達了眞相，但到達的那個是誰呢？當然是：沒有人。不是眞我，而是無我。沒有部分，只有整體。你從來不是紙上的那個點，你一直是那張紙。作爲任何事物就是作爲一切事物。沒有其他可能性，也不可能再簡單了。梵即阿特曼，阿特曼即梵。梵我同一（汝即彼）。

這些冗長的敘述都不足以描述我在意識主導論中生活的經驗。本書的這個本質性缺陷是我個人的遺憾之處：我試著用一種有人會覺得有趣的方式表達這些東西，這是很有趣的挑戰，但是當我把稿子從頭讀到尾時，我找不到我現實中那種乾淨、簡單、毫不神祕的感覺。經過解除對非眞相的了悟，我到達一個更高的地方，但那並不是因爲我擁有高於他人的知識——正好相反，我失去了所有知識，而這個沒有知識的狀態讓我得以站得更高。我能看到一切、理解一切，但是我一無所知。

完美的智慧存在嗎？我會投肯定票，但這只是我的想法，不是我知道的事。沒錯，我能感知到某個完美的智慧，但我可以感知到的瘋狂玩意兒太多了。在我見山又是山的兔子洞裡，我感知到的智慧把一切照得通亮，我則借光順勢而行。我也許不完全理解它，也可能會犯錯，但二十多年來，這種順勢而行已經成了我行走世間的唯一模式，持久不變和沒有偏差都不足以形容它——只有「神奇」這個詞可以。對我來說，完美的智慧和意識是同義詞，所以，我體驗到的這種共同創造、更高的知曉的關係，不僅是我與上帝意識的**連結**，那就是我的上帝意識。

我們都會在自己相信的事和不相信的事之間畫一條線，這條線對每個人來說都是不同的，且在一生中會產生很大的變化。而我們在這裡所做的，只是在我們**知道**的事和不知道的事之間畫一條線，這條線對每個人來說都是一樣的，永遠不會爲任何人轉移。在「知道」這一邊，是「我在/意識」，另一邊則是其他的一切。這條介於知識和信念之間的線，是存在的唯一底線。如果你直接知曉這一點，那麼你就是生活在意識主導論中；假如你**不是**直接知曉這一點，你就是生活在——別太快下結論——還是意識主導論中。你只是**相信**你身處宇宙主導論裡。

不少人和我們一樣，也提出了**IAM**（唯心主義反物質一元論）這個基本事實。如果要在本書中談及這個模型和類似模型的支持者，包括過去和現在的，我可以輕易把本書字數增加一倍，甚至兩倍。但是我說過，言簡反而意賅。如果你感興趣，可以自己去找相關的東西，但整個論點其實很簡單，就像我們在第一章提到的那樣：**如果**，眞相即一切，**而且**，意識存在，**那麼**，意識即一切。這與信念無關，你只要親自去看就能明白，而且它就在你目力可及之處。我們不需要一百個專家來告訴我們背後有什麼，我們只須自己回頭看一眼。

被說服了嗎？你不能被說服。既然我們正坐在這裡觀看整個世界，經驗著它的多樣性和複雜性，這個世界的眞實性當然無可爭辯，「一切都是夢」這種想法顯然毫無道理。我同意，每個人都同意。時間和空間、能量和物質、因果關係和二元性，都眞實得無可辯駁，只不過，它們並非眞相。如果想要理解這一點，首先你必須領悟到，你只能靠自己，沒有老師或教誨來幫你，沒有朋友或同伴來安慰你，你必須自己把一切理清楚，因爲你要理清楚的，正是你自己。那個大奧祕並不是可以用邏輯解決的問題，你要殺死的，是情緒組成的千頭海德拉②。你可以管這隻怪物叫瑪雅，但它其實是你自己。

不過，爲何要這麼麻煩？把眞相留給那些對它念念不忘的人吧。說眞的，眞相什麼都不是，只是一個非常無意義的成就。在一群喝得爛醉的狂歡者中，誰願意做那個唯一清醒的成年人？每個人都被虛假的知識灌得爛醉——上帝和先知、預言家和賢者、哲學家和科學家、國王和皇后、你的父母和老師，你認識的、景仰過的，甚至向他祈禱過的每一個人，全都迷醉在自己的信念裡，而且，迷醉有什麼不好？遊樂場裡沒有位置給清醒，夢境狀態中沒有位置給清明。眞相是無關痛癢的東西。

有一件事並非無關痛癢：擺脫我們強加在自己身上的稚弱，發展出我們本來就具備的全部潛能：人類成人。那是一切的起點。無論你是只要到達那裡，或是要超越人類成人繼續向前，這都是你唯一要做的事，沒有第二條路。人類成人是一切的關鍵，如果你還沒做到這一點，其他的事情完全不重要。你應該祈求自己成爲人類成人，爭取成爲人類成人，就算要辭掉工作、拋棄家庭、賭上性命也在所不惜。這是非常嚴肅的工作，也許，你讀這本書就是想要知道這一點：**的確存在**一個了不起的驚人成就，而且你眞的**能夠**達成它。如果你得透過宗教、戒酒無名會的十二步驟[3]、進監獄或扭斷脖子做到，那麼這些事情對你來說遠比任何一本書都有價値。

忘掉那些靈性的胡說八道吧，光是要回到我們的本來面目、克服阻撓這個自然過程的恐懼，我們就夠忙的了。人類成人不是什麼崇高的靈性成就，在沒有被盛行的恐懼破壞的情況下，這是一個人正常的成長過程。它是肉體的死亡與精神的誕生，在一個調適良好的社會裡，每個人都應該在青春期經歷這個過程。這和靈性、宗教、哲學或科學都沒有關係，只是我們沒有腐敗的自然發展，到達那裡不是結束，只是開始。

人類成人就是那個清晰而普世的生命航向：到達那裡，穿過那裡，超越那裡，發現你的本質和這個遊樂場的本質，最重要的是，發現這兩者之間並沒有差別。了解意識主導論範式的眞正重點不在於到達那裡，而是意識到你從沒離開過。你就是旅程，**你**就是終點，而當你眞正了解這一點，就會明白，你不僅剛剛讀完這本書，你剛剛寫完了自己的「解釋一切的理論」。

① 美瑞思（Memorex）是一款美國品牌的播放機，在它的一則著名廣告中，出現了廣告語：「到底是現場音樂，還是美瑞思？」極言其產品音質之真實。

② 傳說中的怪物海德拉有許多頭顱，每砍下一個，就會再長出兩個來。

③ 十二步驟是西方流行的戒酒方法，由十二個可執行的步驟組成。

30 最後的宗教

神的名字叫真相。

——印度教諺語

唯一的一座
眞正的教堂
就是
眞相的教堂

ALETHEOLOGY
（Aletheia＝眞相）（Theos＝神）（-logy＝研究……的學問）

「研究關於神的眞相的學問」
心智即殿堂～思想即祈禱～眞相即是神
無論如何極端地懷疑，都不算過頭。

汝即眞相，
也終將歸返眞相。

十誡：
思考
不相信任何事
懷疑一切
擁抱恐懼
變得眞實
憎惡汝之自我
熱愛汝之死亡
殺掉所有佛陀

焚毀一切

更遠

投身眞理之中。

把生命押在眞相上。

歡迎。

The Eurasian Publishing Group
圓神出版事業機構
用心與你對話・視野無限寬廣
方智出版社
Fine Press

http://www.booklife.com.tw　reader@mail.eurasian.com.tw

方智好讀 064

開悟者眼中的生命真相

作　　者／傑德・麥肯納（Jed McKenna）
譯　　者／莫里斯
審　　訂／張德芬
發 行 人／簡志忠
出 版 者／方智出版社股份有限公司
地　　址／台北市南京東路四段50號6樓之1
電　　話／（02）2579-6600・2579-8800・2570-3939
傳　　真／（02）2579-0338・2577-3220・2570-3636
郵撥帳號／13633081　方智出版社股份有限公司
總 編 輯／陳秋月
資深主編／賴良珠
責任編輯／黃淑雲
美術編輯／王琪
行銷企畫／吳幸芳・陳姵蒨
印務統籌／劉鳳剛・高榮祥
監　　印／高榮祥
校　　對／賴良珠
排　　版／陳采淇
經 銷 商／叩應股份有限公司
法律顧問／圓神出版事業機構法律顧問　蕭雄淋律師
印　　刷／祥峯印刷廠
2014年12月　初版
2017年7月　4刷

定價290元　ISBN 978-986-175-374-4　

你本來就應該得到生命所必須給你的一切美好！
祕密，就是過去、現在和未來的一切解答。
——《The Secret 祕密》

國家圖書館出版品預行編目資料

開悟者眼中的生命真相／傑德・麥肯納（Jed McKenna）著；莫里斯 譯.
-- 初版. -- 臺北市：方智，2014.12
240面；14.8×20.8公分. --（方智好讀系列；64）
譯自：Jed McKenna's Theory of Everything: The Enlightened Perspective
ISBN 978-986-175-374-4（平裝）
1.靈修

192.1 103020510